守望者
The Catcher

阅读　你的生活

CREATING
CAPABILITIES

寻求有尊严的生活
正义的能力理论

THE
HUMAN
DEVELOPMENT
APPROACH

【美】玛莎·C. 努斯鲍姆　著
（Martha C. Nussbaum）
田雷　译

中国人民大学出版社
·北京·

献给

人类发展与能力协会的全体成员

前　言

长期以来，经济学家、政策制定者和执行官员在解决世界上贫
穷国家的问题时，总是在向人们讲述一个有悖人类经验的故事。他
们的主导模式告诉我们，当且仅当一国的人均国内生产总值
（GDP）得以增长时，该国人民的生活品质才能得到提升。那些存
在着惊人不平等的国家，那些大部分人口无法分享国家总体经济发
展果实的国家，在这一粗糙的评估尺度上都拿到了高分。由于国家
会对影响其国际声誉的公共排名加以回应，这一粗糙的评估方法鼓
动许多国家仅仅追求经济增长，而不去关照国内贫困居民的生活水
准，也不去着手解决诸如医疗和教育之类的问题，但此类问题通常
不会随着经济增长而得到改善。

这一模式在当下很有市场。虽然它最常见于对"发展中国家"
成就的标准分析——例如在发展经济学或诸如国际货币基金组织和

世界银行此类的发展机构的实践中——但在考察富裕国家并且理解
这些国家的"发展"或生活品质的改进时，这一模式也得到了广泛
的应用。（虽然发展中国家的概念通常用于指称较为贫困的国家，
但所有的国家都是"发展中国家"：在为全体人民提供充裕品质的
生活方面，每一个国家都有巨大的进步空间。）因为富裕国家同样
存在着严重的不平等，所以此模式也会在这些国家制造出同样的
扭曲。

今天，在发展和政策的领域出现了一种新的理论范式，我们称
之为"人类发展（Human Development）理论"，或者是"能力理
论"（Capability Approach）或"多元能力理论"（Capabilities Ap-
proach)，此理论范式起始于一个非常简单的问题：人在现实中能
做到什么，又能成为什么？他们可以得到哪些真实的机会？这一问
题可以说既简单又复杂，原因是人的生活品质包含多种要素，它们
彼此间的关系需要仔细研究。事实上，这一新理论方法的吸引力就
在于它的复杂性：它看起来有能力应对人类生活和奋斗的复杂性。
归根到底，它所提出的问题也正是人们在其日常生活中经常向自己
提出的问题。

从世界银行到联合国开发计划署，这一新范式已经对研讨福利
问题的国际机构产生了越来越大的影响力。自 1990 年起，联合国
人类发展报告办公室每年都会发布该年度的《人类发展报告》，能
力理论的范式也由此影响到当今世界上的大多数国家，这些国家得
到启发，运用能力理论的方法去研究本国社会内不同地区和群体的
福利。现如今，只有屈指可数的国家尚未定期发布此类报告（即便

是美国也在 2008 年加入这一阵营）。我们还能看到区域性的报告，
诸如《阿拉伯世界人类发展报告》。除此之外，人类发展与能力协
会（Human Development and Capability Association）已有来自全
球 80 个国家的约 700 名成员，该协会在多个领域内的议题上推进
了高质量的研究，由此可见人类发展与能力的理论已经并且能够做
出有意义的贡献。就在不久前，这一新范式还催生了《萨科齐委员
会报告》（Sarkozy Commission Report），以评估经济表现和社会
进步。

　　能力理论的影响力日渐扩大，但对它的阐释目前主要见于供专
业人士阅读的学术论文和著作。普通读者以及本科课程的教师们经
常指出，关于本主题尚欠缺一本深入浅出的著作。本书意在填补这
一空白，它将阐释该理论的关键元素，引领读者进入相关理论的语
境。最重要的是，本书致力于让能力理论的方法回归到人类生活的
叙事语境，展示它可以让决策者看到一种不同的人类生活，因此使
政策构成有意义的介入，它尊重真实的人并给予力量，而不只是反
映知识精英们的偏见。

　　改进人类的生活品质既要求明智的政策选择，又要求个人一方
投身生活的行动。如此看来，就此主题写一本理论著作，无论多么
沉浸于叙述细节，看起来都没有特别的必要。但是，理论是我们生
活世界的重要组成部分，理论设计出议题得以发现的方式，塑造着
我们对议程的设定，由此将我们的讨论引向某一些政策，而不是相
反的政策。有判断力的积极分子在权力通道内只有微不足道的影响
力。正如我将要论证的，这一领域历史上引导政策选择的主流理论

有着根本的错误，站在那些普遍共享的人类价值的立场（诸如对平

等和尊严的尊重），它们已然将发展政策导向错误的道路。如果我们想要把政策选择拉回到正确的方向，就需要一种反向的理论去挑战这些根深蒂固的错误理论。这一反向的理论应当以新的方式表述发展的世界，向我们展示出一幅关于当务之急的不同图景。在这个有着紧要的人类问题和不合理的不平等的时代，能力理论就是我们所需要的这种反向的理论。

目　录

第一章　一位追求正义的妇女

全世界的人民都在努力追求过上有尊严的生活。国家的领导人 1
经常只关注本国的经济增长，但是他们的人民却在追求一种不同的东西：他们自己有意义的生活。GDP 的增长并不总是可以改善人们的生活品质；有些人的存在已经被打上不平等和剥削的烙印，对于他们来说，有关国家富强的报告不太可能慰藉其心灵。这些人需要那些有助于他们奋斗的理论方法；或者这些理论至少可以使注意力转向他们，由此引发公共辩论。他们并不需要那些掩盖斗争或压制讨论与批评的理论路径。已故的巴基斯坦经济学家马赫布卜·乌·哈格（Mahbub ul Haq）是联合国开发计划署《人类发展报告》的发起人，他在 1990 年的首份报告中写道："一个国家的真正财富在于其人民。发展的目的就是要去创造一个适宜的环境，人民在其中可以得享长久、健康且有创造性的生活。但在追求物质和金钱财富的过程中，人们常常忘记了这一朴素却强有力的真理。"在哈格看来，发展经济学如要回应人们面对的最紧要的问题，必须提出一种新的理论方法。

2　　瓦莎蒂（Vasanti）是一位 30 岁出头的柔弱妇女，生活在印度西北部古吉拉特邦的大城市艾哈迈达巴德。瓦莎蒂的丈夫是一个赌徒兼酒鬼，他拿家用积蓄出去买醉。当积蓄被挥霍殆尽之后，他跑去接受了输精管切除手术，由此获得了古吉拉特邦政府提供的、为鼓励人们绝育的现金奖励。这样一来，瓦莎蒂就没有机会生儿育女并因此得到子女的帮助。对她来说，这是一个巨大的负担，因为没有子女的妇女通常而言更容易成为家庭暴力的受害者。最终，由于她的丈夫变得愈发暴虐，瓦莎蒂离开丈夫回到了自己的娘家。

　　贫困的父母（如果父母已经去世，那就是兄弟姊妹）通常并不乐意接纳一位已婚的子女，尤其是带着嫁妆出嫁的女儿。让已婚子女回到其所出的家庭，意味着要多养活一口人，同时也意味着一连串新的焦虑。在瓦莎蒂的故事中，离婚的代价是高昂的，因为她的丈夫并不愿意离婚。所幸她的娘家愿意帮助她。而许多与瓦莎蒂经历类似的妇女，最后只得流落街头沦为流莺。瓦莎蒂的父亲已经过世，他生前是加工胜家牌缝纫机零部件的；瓦莎蒂的兄弟们在其父亲留下的店铺内经营汽车配件生意。瓦莎蒂就住在这家店铺里，用她父亲留下的一台老旧机器，给纱丽上装缝制挂钩的眼洞，以此赚取微薄的收入。在此期间，瓦莎蒂的兄弟们借给她一笔贷款，用以购置一台能够给纱丽装卷边的缝纫机。瓦莎蒂拿了这笔钱，但她并不想依靠她的兄弟们过活——他们都已经结婚生子，他们的支援可能随时会断掉。

后来，瓦莎蒂遇见了妇女自就业联合会（SEWA），这是一家在艾哈迈达巴德当地从事贫困妇女工作的、具有开创性的 NGO。妇女自就业联合会由享誉国际的活动家埃拉·巴特（Ela Bhatt）创立，在瓦莎蒂得知这一组织时，它已经通过诸如小额信贷、教育、医疗保健以及工会等项目，帮助了超过 50 000 名成员。不同于印度国内的其他一些邦，古吉拉特邦采取的是一种增长导向型的政策议程，而没有在满足其最贫困居民的需求上投入太多资源。那些可能对瓦莎蒂有所帮助的政府项目——法律援助、医疗保健、信贷、教育——都尚未建立起来。全印度最好的 NGO 之一正巧就在自己的家门前，这不能不说是瓦莎蒂的幸运。

在妇女自就业联合会的帮助下，瓦莎蒂获得了一份她自己的银行贷款，并清偿了欠其兄弟们的债务。（妇女自就业联合会在成立之初不过是一家名不见经传的信贷合作组织，现在已经在艾哈迈达巴德中心区一栋气派的办公楼内经营着一家银行。这家银行的所有管理者和雇员都是妇女，其中许多都是此前自就业项目的受益者。）我认识瓦莎蒂时已是数年之后，她这时已独立清偿了妇女自就业联合会的绝大部分贷款。她还获得了参与自就业组织的教育项目的资格，正计划着在那里学习阅读和写字，掌握一些必要的技能，从而促进更大程度的社会经济独立和政治参与。在一位名为柯卡拉（Kokila）的朋友的帮助下，瓦莎蒂积极参与到所在社区反对家庭暴力的斗争中。如果不是妇女自就业联合会，这段友谊恐怕是不可能的：瓦莎蒂尽管贫穷，但却出身于高级的婆罗门种姓，而柯卡拉则出身于一个低等种姓。虽然基于种姓和宗教的分层总体而言仍是印度社会的主流，但这种划分在印度妇女运动中已经成为被重点攻击的对象。

何种理论方法，可以让我们看到瓦莎蒂处境中那些最值得关注的面向，同时加以充分的分析并且提供中肯的行动建议呢？假定在此时此刻，我们感兴趣的不再是经济学或政治理论，而只是活生生的人，那么我们在瓦莎蒂的故事中可以注意到什么重要问题呢？

首先，我们很可能可以注意到，瓦莎蒂是如此弱小，这应当可以证明她在童年时期的营养不良。贫困的家庭通常不得不在恶劣的条件下养活所有的子女，但我们想问的是瓦莎蒂的兄弟们是如何被养大的。有充分的证据表明，女孩较之于男孩仅能摄取更少的营养量；在生病的时候，家长很少送女孩去看医生。原因何在？因为女孩的就业机会要少于男孩，因此对全家的福利而言，她们看起来就没有那么重要。她们在家庭内的劳作并不能带来工资报酬，因此女性在经济上的重要性很容易被忽视。此外，在印度的西部和北部，女孩子在出嫁时要带着嫁妆搬出自己的娘家。因此，养育女孩就比男孩花钱更多，而父母们也要经常琢磨，为什么要把资源花费在女孩子身上？当自己年迈之时，女儿是不会在身边照顾自己的。在印度的西部和北部，第二胎女儿的高死亡率已是恶名远播。因此，瓦莎蒂的营养状况不仅是贫穷的结果，性别歧视也脱不了干系。

财产法和继承法的不平等也加剧了印度妇女的困境，只要思考瓦莎蒂的人生，人们就必须考察不平等法律在其生活中所起到的作用。自印度独立以来，宗教本位的人格法体系就渗透在财产、继承和家事法之中。这些体系使女性承受的大量不平等被制度化了。例如直至1986年，基督教妇女所能继承的财产份额只是男性的四分之一，这一习惯无疑会强化这样的陈见：女儿的生命价值要远低于儿子。根据印度教的财产法典，印度教妇女也承受着不平等：她们在2005年才获得平等份额的农业用地，而这已是我认识瓦莎蒂后的第七个年头了。瓦莎蒂的娘家并不拥有土地，但是只要对瓦莎蒂的困境稍作分析，我们会很自然地注意到与此紧密相关的不公正。

在思考这些问题时，我们还会被引向一项关于印度人口中惊人的性别失衡的研究。人口统计学家估算，在营养和医疗保健条件相似的条件下，女性的平均寿命要略长于男性——所以我们可以预期女性与男性的比例约为102∶100。但事实上印度最近一次人口普查显示，女性与男性的性别比是92∶100。这一数字是全国范围内的平均值。在印度南部，财产通过母系一支进行继承，新郎要入赘新娘的家庭，而不是将新娘娶走，在那里，女性的基本预期寿命符合人口统计学家的预测：在喀拉拉邦每100位男性对应着102位女性。相比之下，在印度北部的一些邦内，女性与男性的比例呈现出令人担忧的失调状态：在比哈尔邦某一农村地区进行的一项入户调查，得到了75位女性对100位男性这一令人震惊的数据。众所周知，在有权事先知悉胎儿性别的地区，这种不平衡还会加剧。全印度各处都有可以做孕妇体检的诊所。因为性别选择性的堕胎在印度是一个普遍问题，所以提供有关胎儿性别的信息是违法的，但是这些法律很少得到执行。

如此说来，瓦莎蒂可以活到现在，这本身就是一份运气。她的家庭并没有为她提供良好的养育，但这也已经好过了许多贫穷家庭。当我见到瓦莎蒂时，她看起来健康状况还不错，并且她很幸运地天生就有一副强健的体格，因为对于古吉拉特邦的穷人来说，获得医疗保险并非易事。印度宪法将医疗保健规定为一项邦的事务，而非联邦事务，因此在各邦之间，穷人可以获得的医疗资源存在很大的差异。印度国内的一些邦，如喀拉拉邦，已建立起有效的医疗保险体制，但是绝大多数邦仍缺乏这样的制度。

接下来，我们可能会注意到这样的事实，即便是瓦莎蒂这样聪颖且坚定的女性，因为她从未学习过阅读和写字，所以几乎没有什么就业机会。我们可以将之归咎于古吉拉特邦教育体制的失败，因为教育如同医疗一样，都属于邦的事务，而识字率在各邦之间也有很大的差异。在喀拉拉邦，青少年男性与女性的识字率都接近 100％，而就全国范围而言，青少年男性的识字率为 75.3％，女性识字率仅为 53.7％。造成这一差异的诸多因素，大致对应着那些造成基本预期寿命和健康状况上性别差异的因素：女性被认为在择业和政治中只有更小的机会，因此从家庭的角度出发，安排女孩从事家务劳动，同时送男孩去学校读书，才是合情合理的选择。这一预判是可以自我应验的，因为无法读写将剥夺妇女的大部分就业机会以及许多的政治机会。此外，女孩不久就会离开自己的娘家，结婚嫁入另一个家庭，这一事实降低了父母在女儿未来生活中的利益相关性。较之于古吉拉特邦，喀拉拉邦更好地解决了以上问题，但即便是喀拉拉邦，在为受教育民众创造就业机会方面的记录仍十分糟糕。

教育是通往机会之门如此重要的通道，因此印度宪法在 2002 年的修正将初级教育和中级教育设定为可强迫执行的基本权利。印度最高法院意识到，贫穷的父母需要子女的劳动力去维持生计，因此经常不让子女入学读书，法院就此判定，全国所有学校应为学童提供一份营养午餐，至少包含 350 卡路里和 18 克蛋白质，由此为贫困父母所提供的经济激励经常超过了子女在上学时段所损失的工资。当然，瓦莎蒂未能赶上这次变革，否则她就有机会学会读写，并且有更强健的身体。

同时，在全国范围内，印度宪法在 1992 年进行了修改，将地方性村务委员会（panchayat）的三分之一席位分配给女性。一如学校的午餐制度，这一制度激励父母平等对待儿子和女儿的教育，因为或许有一天，女儿可能成为本家庭在地方政府内的利益代表。但对于瓦莎蒂来说，这一改变同样来得晚了些，因为它并未影响到其父母为家庭做出的教育选择。但是现在，瓦莎蒂可以参加妇女自就业联合会开办的成人教育项目，提升自己在政治和就业中的参与程度。

因为瓦莎蒂从未接受过正规的教育，所以她无法全面理解本国的历史及其政治和经济结构。（她能够从电视以及朋友处获知新闻，但囿于能力所限，她难以获取更加全面深入的报道或追踪自己感兴趣的议题。）她也没有能力去欣赏诗歌、小说，或者可以使其生活更为丰富多彩的想象作品。但是她有机会接触到音乐和舞蹈。妇女自就业联合会就充分利用了这些媒介，教育像瓦莎蒂一样的妇女。

　　在瓦莎蒂的故事中，一项关键议题是家庭暴力。这一复杂的故事又进一步涉及多个领域内的社会和政府的选择。瓦莎蒂丈夫的酗酒显然助长了他的暴力倾向。正是基于这一原因，印度国内的多个邦已经通过了禁酒法令。但此举并未被证明是一种非常有效的救济手段——更有所助益的应当是关于酒精和毒品的教育项目以及高品质的治疗和复健，而古吉拉特邦的政府并未向邦内的贫困人口提供上述救济。与此相反，瓦莎蒂的丈夫之所以接受输精管切除手术，原因正在于政府的积极作为，而非消极不作为：贿赂穷人去做输精管切除手术，并不是一种人口控制的好办法，这么说的原因有很多，其中一项就是它剥夺了妇女的选择权。至于暴力本身，瓦莎蒂并未从警察那里获得任何帮助，这要归咎于软弱的执法体制和低劣的警察训练。因此，瓦莎蒂身体的健全和健康都长期处于危险中，她的尊严因此受到侵犯。

　　当我们讨论家庭暴力问题时，我们还必须考虑到婚姻关系中的退出选择（exit options）和谈判能力。当一个妇女能够离开她的丈夫时，她就不必忍受家暴的虐待。而且，当丈夫知道妻子有就业机会或者控制着财产因而有能力独立时，妻子遭遇家暴的可能性多少会降低一些。碧娜·阿加瓦尔（Bina Agarwal）所进行的重要研究可以表明：在解释为什么同一地区内的某些妇女会遭受家庭暴力，而其他妇女则幸免于此的时候，土地所有权是最为重要的因素。一位拥有土地的妇女不太可能成为家暴的受害者，这是因为她有能力摆脱一段婚姻，而且当她选择离开的时候，她会一并带走具有较大价值的财产。还有一些手段可以用来对抗一个暴虐的丈夫，包括就业、教育、动产和储蓄。一个怀有怜悯之心的娘家，也可以提供退出的选择。瓦莎蒂的娘家真是不一般，因为他们不仅给了她有尊严地离开丈夫的选择，甚至为她安排了工作。即便如此，成功离婚的困难——法律体系的效率低下以及臭名昭著的腐败——仍使得瓦莎蒂难以完全独立。

妇女自就业联合会的贷款改变了这一状况。该组织为瓦莎蒂提供了一种经济援助，而此种援助的机制不会使她沦为一位依附者；这笔钱是供她自己支配的，即便她的行为会让自己的兄弟感到不悦。这样的独立性，增强了她的自尊以及进行选择的能力。

家庭暴力会给生理健康造成重大的伤害，但是它对情绪健康的影响同样是毁灭性的。瓦莎蒂这样的妇女通常既要承受巨大的恐惧，又要压抑自己的愤怒。在情感和爱欲的表达中，她们经常得不到任何真正的愉悦。既然瓦莎蒂有条件离开她的丈夫，她也可以因此改善她的情感健康，而她与自己兄弟们的融洽关系也有助于心情的复苏。妇女自就业联合会的贷款进一步打开了通向幸福的更多的大门：瓦莎蒂显然享受着她与柯卡拉的友谊以及在妇女团体内被平等尊重和对待的经验。

在瓦莎蒂的婚姻期间，她被切断了所有关系，只有她与暴虐丈夫之间的高度不平等的关系。瓦莎蒂没有朋友，不能工作，也未能参与政治活动。这是许多处在被虐待关系中的妇女的宿命，但是对于那些因其种姓地位而无法体面地外出寻找就业机会的妇女而言，这种情形尤为普遍。像瓦莎蒂这样出身高级种姓的妇女，其境遇要比低级种姓的妇女更为惨淡，因为后者可以自由地流动。瓦莎蒂甚至没有机会去生育自己的孩子，否则这将为她提供爱的寄托。妇女自就业联合会让她有机会活跃地参与政治，而且还可以结成一个能够平等尊重自己的朋友群体。瓦莎蒂能来到妇女自就业联合会的办公室，向我这个陌生人讲述自己的故事，这一事实本身就是一种新生的开放性和好奇心的迹象。她看起来很兴奋、也很自豪地讲述着自己的生活。即便如此，对于瓦莎蒂这样的婆罗门妇女而言，向她们开放的工作场所仍非常有限，而阅读和写作能力的缺失仍然继续限制着她对政治生活的参与。

瓦莎蒂在这一政治领域内非常活跃，她和柯卡拉在努力消除家庭暴力。但是我们或许会问，她是否了解自己作为一位公民的权利，她是否是一位选民，她是否知道如何利用国家的法律制度。村务委员会制度已经做了大量的工作，以加强妇女的政治参与和政治认知，而且印度的穷人总体上具有极高的选举参与率，所以瓦莎蒂对政治制度至少能有一定的了解。但是，由于缺失了正规学校教育并因此不具有读写能力，瓦莎蒂更进一步参与政治的能力受到了限制。关于村务委员会体制的研究已经表明，文盲妇女在参与公共事务和获得尊重的过程中步履维艰。

妇女自就业联合会关注一个非常基本的主题，它贯穿在以上所述的全部议题之中：妇女控制并且规划自己人生的能力。联合会教育妇女：她们并不只是消极被动的，也绝非任由他人摆布的对象或者只是他人的工具或仆役，她们可以做出选择，她们可以规划自己的未来。对于那些生来自我认定为无自主权的依附者的妇女来说，这是一个全新的、令人神往的理念。在瓦莎蒂的案例中，选择与独立，实际上构成了妇女自就业联合会贷款与亲戚借款之间的主要区别。决策者这一新发现的身份为瓦莎蒂带来了愉悦，而这愉悦看起来已经扩展至她和柯卡拉（一位自己选择的朋友，或许也是第一位由她自己选择的朋友）的关系之中，并且影响到了她和女性团体的交往。

我们还可以注意到什么？我们还不是那么了解瓦莎蒂的工作时间或者她的生活结构。她是否有闲暇的时间？她能否在某一刻坐下来任由思绪纷飞，欣赏一些美好的事物，或者同她的朋友们一起饮茶？她看起来可以从穿衣打扮中获得乐趣。她的纱丽装是可爱的亮蓝色。如同印度大多数的贫困妇女，她并没有让贫困限制住自己的审美想象。她很有可能在一定程度上享受娱乐和休闲活动，但这并不是因为她的社会已经为全体公民提供了休闲时间的保障，而是因为她既没有孩子，也无须承担照顾公婆的责任。瓦莎蒂不幸的故事也有值得庆幸的一面，至少她不需要像全世界的无数女性一样，在完成苛刻的职业工作的同时，还要承担起家务劳动和照顾老人、孩子的全部责任，这样的生活简直是"一天忙过两日"。总而言之，在创造一个体面社会的过程中，保障工作者，特别是女性工作者的休闲时间是一项重要的议题。

在思考休闲和快乐的时候，我总想知道瓦莎蒂是否有兴趣去交往一些不错的男士，在离婚程序终了之后，有可能再次步入婚姻的殿堂。印度妇女运动所表现出的一种最显著的特点，就是西式的浪漫爱情观的近乎完全缺失。那些曾经历一段不幸婚姻的女性，很少表现出对另觅配偶的兴趣。她们希望可以过上没有男性的生活，而且她们热爱这一事实，即妇女自就业联合会的核心理念之一就是甘地式的自给自足。这一思想可表述如下，正如印度要赢得自尊和自由，首先必须取得相对于其殖民主人的自给自足，那么妇女如要取得自尊和自由，同样必须摆脱对其殖民主人即男性的依附。妇女将她们可以独立于男性而生活的能力视为一种自尊的象征。我们可能想知道，这些妇女（她们经常是同性恋的恐惧者，因此不太可能参与同性恋的关系）是否被剥夺了生活的一种重要愉悦经验。她们确实选择了作为单身女性来生活，抑或她们因为曾经受情感创伤或因营养不良而精疲力竭，因此无法再去追求伴侣？但是，当她们谈到西式的浪漫而表达出更乐于与女性团体团结在一起的偏好时，这应该能够提醒我们，对全世界的女性而言，没有哪一种生活方式（这里是指结为一对情侣，无论是异性还是同性）是放之四海而皆准的。

我们中间有一些人，可能还想要了解瓦莎蒂与她周边环境间的关系。环境是否已经被污染？是否不安全？瓦莎蒂是否有机会去思考环境议题，是否有机会为她自己和其他人做出与此相关的选择？许多妇女运动是生态环境导向的，但妇女自就业联合会并不是此类型的组织，而且瓦莎蒂所生活的邦也没有在环境议题上花费什么心思。因此很有可能，瓦莎蒂并没有机会对环境问题进行有效的思考，而环境恶化（空气和水质的污染等）却在危害着她的健康。那些过着据称最"自然"生活的妇女经常是最要面对风险的，因为牛粪在许多贫困国家被用作燃料，但它是对呼吸道健康最有害的一种污染物。

　　真诚的阅读者或观察者，如果熟悉瓦莎蒂的社会背景，上文所述的至少是他们将会考虑到的瓦莎蒂处境中的一些面向。在妇女自就业联合会以及那些熟悉瓦莎蒂的人士看来，上述议题中的绝大多数都是非常重要的，而许多议题对于瓦莎蒂本人来说从来都是很重要的。随着瓦莎蒂对自己的境遇及其根源有更多的了解，还有一些此前她并未意识到的议题（例如村务委员会体制的作用，或者儿童对一定量蛋白质的需求），在她看来也将变得重要起来。

　　我们已经看到，瓦莎蒂处境的多个面向以复杂的方式进行着相互作用，但每一个面向又都是一个特定的议题，如果瓦莎蒂要过上她应得的那种生活，这些议题必须以其自身适宜的方式进行处理。一种适宜的公共政策可以影响到瓦莎蒂经验的所有面向。"发展"意味着让事情变得更好，因此"发展"的道路就应该去分析，各种供审议的政策选项将会如何影响瓦莎蒂的机会以及选择和行动的自由。

　　不幸的是，作为在全世界各处所实践的道路，发展经济学中的主导理论方法无助于推进瓦莎蒂的奋斗。它们对瓦莎蒂境遇的"阅读"，其方式迥异于当地活动家或充满关切的观察者。事实上，它们对瓦莎蒂的"阅读"方式对她本人是没有意义的，甚至没有将瓦莎蒂当作一个有尊严的人，具有与他人平等的权益。这些理论将（一个国家或一个民族的）发展等同于人均 GDP 的增长。换言之，当且仅当其经济处在增长的进程中时，古吉拉特邦才是在实行正确的政策，而且在与印度其他邦进行比较时，只看人均 GDP 足矣。

　　无论数字多么光鲜亮丽，它对瓦莎蒂而言有何意义呢？数字既触不到她的生活，也解决不了她的问题。在古吉拉特邦的某处，从外国投资中获取的财富正在不断增加，但瓦莎蒂却可能不名一文。对于她而言，每次听到人均 GDP 正在高速增长，就如同是在被告知，古吉拉特邦的某处有一幅精美的油画，只是她不能欣赏，或者有一桌可口的食物，只是她不能享用。财富增长之所以被认为是一件好事，是因为它使得政府有能力推行那些对瓦莎蒂有所助益的政策。但是这一切并未发生，而我们也不应感到惊讶。一般来说，由外国投资所带来的财富增长，其收益首先会流入精英的口袋，而这并不单纯是因为 GDP 只是一个平均数，未能将分配考虑在内：正如萨科齐委员会的报告所示，从外国投资中获取的利润很多时候甚至不能提高国内的平均家庭收入。此类财富增长的收益并不会下渗至穷人家庭，除非是当地的精英致力于推进财富再分配的政策；而且财富增长的收益尤其不可能下渗至贫困妇女，她们的就业机会要远逊于男性。经验研究已经表明，如果没有直接的政府行为，仅有经济增长本身并不会带来健康和教育的改善。由此看来，主流的理论叙述未能表述出瓦莎蒂生活中重要的事，它单一的关注对瓦莎蒂的生活来说毫无意义。

14   因此，根据主流的理论方法，我们无法真正理解，什么原因使得瓦莎蒂无法享受其所在地区普遍繁荣的果实。实际上，这种方法明确地遮蔽了瓦莎蒂的问题，它认为如要改善古吉拉特邦内民众的生活品质，正确的方法就是努力实现经济的增长，仅此而已。

查尔斯·狄更斯（Charles Dickens）在《艰难时世》（*Hard Times*）中讲述了一个故事，孩子们在一间教室内被灌输这一主流理论。来自马戏团的女孩西丝·朱浦（Sissy Jupe）——她只是最近才进入班级——被告知，设想这间教室就是一个国家，在这个国家里有"五千万的英镑"。老师现在提问："20号女生"（为了跟上这里流行的集体观念，学生只有编号没有名字），"这难道不是一个繁荣的国家？你难道不是身处一个兴盛的国家？"西丝的眼泪夺眶而出，跑出教室。西丝告诉她的朋友路易莎（Louisa），她不可能回答这个问题："除非我知道是谁拥有这些钱，我还得知道，这笔钱中有没有我的一份。但老师所说的全不相关，那个数字中根本没有我想知道的东西。"

我们所需的看起来是一种能够提出西丝·朱浦式的问题的方法，这个方法根据每一个人可以得到的机会多少来定义成就。这样的一种方法最好可以开始贴近现实，追寻生命的故事，关注政策变革带给真实个体的人生意义。发展政策如要真正切合各个方面的人类经验，就意味着它要关注影响人类生活品质的多种因素——在每一个领域内都提出这一问题："人民（与每一个人）实际上可以做些什么，又能够成为什么？"当然，任何一种发展路径都必须运用加总的技术，但是如果用总量来传递相关的信息，我们从一开始就必须仔细分析，哪些项目应当是优先考虑的问题。

瓦莎蒂故事中的诸元素和我紧接着要阐释的核心能力（Central Capabilities）目录有着密切的关联。由此看来，我讲述瓦莎蒂故事的方式是一种循环论证；或者说我之所以会单列出那些特征，是因为我已经知道它们出现在目录以内。但是，如果事先没有一种对何为重要的初步直觉，我们不可能观察一个人的生活或聆听一个故事。这就是柏拉图在《美诺篇》（Meno）中提到的"美诺悖论"：如果你对所要找寻的东西一无所知，那么你注定无法找到它。但是这一悖论的要旨不是要去束缚探索者。重要的是，探索不能是僵化的，而应当保持对新认知的开放。在形成核心能力目录之前，我已经努力学习了许多知识，而诸多瓦莎蒂式的故事构成了这一学习经验的关键面向（但正如下文所述，故事并不构成本人对该目录加以理论证成的一部分）。而且这一能力目录也并不是最终的：如果经验表明，该目录缺少了某一人性尊严所要求的生活的必要元素，那么能力目录在任何时候都可以被挑战并加以修正。我多年以来一直和许多活动家通力合作，关注着在他们经验视野的社会内妇女生活所具有的主要意义，最后据此不断调整着我的判断，这是一个无止境的过程。

就在最近，乔纳森·沃尔夫（Jonathan Wolff）和阿维纳·德夏利特（Avner De-Shalit）所进行的经验研究已经确证，我所拟目录上载明的诸项能力，正是那些在他们所研究的移民社区（以色列和英国）内被认为最重要的能力。故事的讲述从来不是中立的；叙述者总是将关注放在这个世界的某些特征上，而非其他特征。但是在建构一种替代性理论的过程中，我们应当坚持真实的好奇心与理论的灵活性。能力理论将吸收这些重要的优点，从而注定将取代GDP模式。

能力理论通常是在国际发展政策的语境内得到详细阐释，它在这一领域内聚焦于那些为改善生活品质而不断奋斗的贫困国家。但最近这段时间，富裕国家也已经开始编制本国自己的人类发展报告，而在联合国人类发展报告办公室的报告中，它们的数据总是占据重要的地位。即便如此，能力理论的方法有时候还是会被误认为仅适用于较贫困的国家。但是，所有的国家都有为了过上人性尊严所要求的生活的努力奋斗，都见证着追求平等和正义的斗争。瓦莎蒂故事的若干片段在美国可能并不常见，因为美国的识字率远高于印度。但是，美国内城区的学校经常无法向学生传授即使是实用性的读写能力，而在更高级的教育层次，入学机会上的不平等仍然令人忧心忡忡。研究也已表明，家庭暴力在美国的经验很可能和在印度家庭同样普遍，而且虽然公众对该问题的意识和法律活动家的努力都在加强，但现有的斗争策略仍然不敷使用。健康保险和营养供应的不平等在美国是无处不在的，有鉴于我们国家的雄厚财富，这一失败真可说是有悖良知。因此，所有的国家都是发展中国家，这是指所有国家都存在着人类发展的问题，都包含着追求充裕的生活品质和最低限度正义的斗争。所有的国家当前都未能实现这样的目标，即确保每一个人的尊严与机会。因此，能力理论能够为所有的国家提供洞见。

第二章　核心能力

　　　我们正在研讨的理论有时候名为"人类发展理论"（Human Development Approach），有时候又被称为"能力（Capability）理论"或"多元能力理论"（Capabilities Approach）。偶尔这些术语也会被合并使用，比如《人类发展与能力杂志》，其前身为《人类发展杂志》——新的题目反映出杂志作为人类发展与能力协会官方刊物的新地位。在一定程度上，这些名头的变动只不过是表述的区别，许多人在它们之间并未加以区分。如果说其中确实存在有意义的区别，那就是"人类发展理论"此前是与联合国开发计划署的人类发展报告办公室及其年度报告联系在一起的。在《人类发展报告》中，能力的概念被用作一种比较性的指标，而不是规范性政治理论的基础。阿玛蒂亚·森（Amartya Sen）在报告的设计过程中扮演过一种主要的智识角色，但报告并未吸收森的（实用的、结果导向的）理论的所有方面；《人类发展报告》所做的只是希望将比较性的信息整合起来，以一种重新引导发展和政策辩论的方式，而不是提出一种体系性的经济或政治理论。

　　"能力理论"和"多元能力理论"可见于阿玛蒂亚·森的理论著作，在《重新检视不平等》和《以自由看待发展》的论述中，能力理论是森所提出的政治/经济项目的关键概念。森在这些著作中的理论抱负是要确立能力框架作为生活品质之比较的最佳坐标系，论证能力理论要优于功利主义和罗尔斯式的方法。我通常使用复数的"能力"（Capabilities），这是为了强调人类生活品质中最重要的元素是多样的，在性质上是相互区别的：健康、身体健全、教育以及个人生活其他诸方面，不可能未经扭曲地化约为一种一元的尺度。阿玛蒂亚·森同样强调这种多元性和不可通约的观念，这是能力理论的一个关键要素。

　　至少在许多语境内，我更倾向用"多元能力理论"这个词，而不是"人类发展理论"，因为我所关注的不仅是人类的能力，还包括人类以外的动物能力。这一方法所提供的正义和权益理论的适当基础，不仅适用于人类，还可以用于人类以外的动物。森也同意这一旨趣，只是他并未将动物能力当作其论述的一项核心议题。

　　多元能力的理论暂且可以被理解为一种方法，以此进行生活品质评估的比较和有关基本社会正义的理论化工作。这一理论方法认为，在进行社会的比较并且评估它们基本的体面或正义时，所要提出的关键问题可表述为："每一个人可以做些什么，又能够成为什么?"换言之,这一理论方法**把每一个人当作目的**,所问的不仅是总体或平均福利,而是每一个人可以得到的机会。它所关注的是**选择或自由**,认为社会应当为其人民提供的关键物品是一组机会,或者实质性的自由,这是人民在行动中可以行使也可以不行使的:选择权还在于他们。因此,它的信条是要尊重个人进行自我定义的权力。这一方法**在价值问题上是坚定的多元论**:在它看来,那些对于民众而言至为关键的能力成就不仅在数量上是不同的,在质上同样相互区别,它们不可能未经扭曲就化约为一种一元的量化尺度;而理解和培育能力的一个基本前提就是要理解每一种能力的特定性质。最终,能力理论**关注的是根深蒂固的社会不公正和不平等**,尤其是因为歧视或边缘化所导致的能力失败。它将一种紧要的**任务交托给政府和公共政策**——也就是要提升由人类能力所定义的全体民众的生活品质。

以上所述的是能力理论的本质要素。能力理论(至少)有两个版本,这部分是因为该理论服务于两种不同的目标。我的版本是希望经由这一方法去建构一种关于基本社会正义的理论,在这一过程中加入了其他的概念(比如**人性尊严、最低限要求、政治自由主义**)。作为一种关于根本政治权益的理论,这一版本的能力理论还包括了一组具体的**核心能力**。较之于许多我们所熟悉的福利理论,我的方法还有所收敛:我的正义理论以能力为基础,即便是出于比较的目的,它也并不提供对一个社会的生活品质的一种整全性的评估,这是因为**政治自由主义**在我的理论建构中的角色禁止我提供任何一种有关价值的整全性叙述。阿玛蒂亚·森的主要关注是将能力确定为对生活品质加以评估的最佳比较指标，因此改变发展政策辩论的方向。森的能力理论版本并没有提出一种有关基本正义的确定叙述，虽然它也是一种规范性的理论，同时的确具有一种对正义议题的明晰关注（例如，关注因为性别或种族歧视所导致的能力失败的情形）。正因如此，虽然阿玛蒂亚·森显然认为有一些能力（比如健康和教育）具有一种特别的核心地位，但他并没有使用能力的门槛或一种具体的能力目录。而且，虽然森显然承认**人性尊严**概念的重要性，但他在理论建构中并未将此概念作为核心要素。与此同时，阿玛蒂亚·森确实指出，能力的概念可以成为综合评估一国内生活品质的基础，在这一意义上区别于我基于政治自由主义所自觉设定的有限目标。

我们将会在第四章中进一步阐释上述区别。而就本章的论述而言，我们可以继续将能力理论作为一种一元的、相对统一的方法，适用于有关生活品质和基本正义的一整套问题。无论是阿玛蒂亚·森抑或我本人，都可以讲述出瓦莎蒂的故事及其真实的生活处境，我们亦会承认相同的基本特征——虽然森不会将它们形式化为一种能力目录，或者以此评估最低限度的社会正义，而是会选择关注生活品质的议题。行文至此，我希望已经可以将关注引向能力理论所共有的结构及其导向性的概念，也包括我自己的理论版本中所特有的一些概念，它们在本章中将得到阐释，即便其在森的理论中并不是核心问题。

什么是**能力**？能力是对这一问题的回答："这个人可以做些什么，又能够成为什么？"换言之，它们就是森所谓的"实质性自由"，一组（通常而言相互联系的）选择和行动的机会。根据森的标准表述："一个人的能力就是指她所可能实现的可替换的功能组合。因此，能力是一种自由：实现可替换的功能组合的实质性的自由。"换言之，它们不只是栖息在个人体内的能力（abilities），还是由个人能力和政治、社会以及经济环境在结合后所创造的自由或机会。为了展示能力的复杂性，我将这些"实质性自由"称为**混合能力**（combined capabilities）。瓦莎蒂的混合能力就是她在特定的政治、社会和经济境况内所具有的选择和行动的机会总和。

当然，一个人的特质（品性特点、智商情商、身体健全与健康状况、内在学识、感知和运动的技巧）都和其混合能力是高度相关的，但此处仍有必要将这些特质与混合能力区别开来，它们仅构成混合能力的一个组成部分。我将这些个人状态（并不是固定的，而是流变的、动态的）称为**内在能力**（internal capabilities）。它们有别于天赋素养：它们是训练或发展出来的特质和能力，在大多数情形中，它们的发展都不可能脱离社会、经济、家庭和政治的环境。它们包括瓦莎蒂所学得的政治技能或她的缝纫技术，她新发现的自信和她免于此前恐惧的自由。如要培育最重要的人类能力，社会的一项要务就是去支持内在能力的发展——途径包括教育、强化身体和情感健康的资源、对家庭护理和关爱的支持、教育体制等等。

为什么我们有必要区分内在能力和混合能力？这一区分对应着体面社会的两种有所交叠但仍可区分开来的任务。一个社会可以卓有成效地实现内在能力的培育，但同时却堵塞了民众基于内在能力进行活动的机会通道。许多社会提供大众教育，因此民众有能力就政治事务发表言论——内在意义上的——但在现实中却通过压制言论来否定民众的自由表达。许多人具有自由信仰宗教的内在能力，但在混合能力的意义上并没有机会自由信教，因为政府并不保护宗教活动的自由。许多人内在地有参与政治的能力，但在混合能力的意义上却无法选择去参与政治：他们可能是无法律权利的移民，或者他们以其他方式被排除在参与之外。反过来说，也可能一个人所生活的政治和社会环境让她有实践其内在能力的条件（例如批评政府），但这个人却欠缺批判性思考或公开演说得到发展的能力。

因为混合能力可理解为内在能力与自由实践能力的社会/政治/经济条件的总和，所以我们在理论上就无法想象一个社会，它未能培育内在能力，却可以制造混合能力。但是我们可以想象一个社会，它在许多领域内有效地创造出选择的环境，但未能教育其公民或者培育他们心智能力的发展。印度的有些邦就是如此：政治对有意愿的参与者保持开放，但却疏于提供让参与者有效参与的基本健康保障和教育。就概念论概念，我们可以说，无论内在能力还是混合能力在这里均不存在，但是该社会至少做了一些正确的事。（而且在诸如此类的社会内，许多人也确实具有混合能力，只不过不是穷人或边缘团体。）瓦莎蒂所在的古吉拉特邦有很高的政治参与率，此情形可见于印度所有的邦：因此它卓有成效地将政治能力扩展至全部人士。（请注意，我们在这里是从现实的运作来推断能力的存在：在经验研究的意义上，这看起来是唯一的选择，但在概念的意义上，我们应当记住，一个人可能完全有能力投票，而只是选择了不去投票。）但古吉拉特邦却未能同样有效地推进相关的内在能力，例如为穷人、妇女和宗教少数派提供教育、充分信息和自信心。

内在能力和混合能力之间的分界并不清晰，因为通常来说，一个人总是要经由某一种实践才养成一种内在能力，而反过来说，假如失去了实践的机会，一种内在能力也很有可能得而复失。但是这一区分还是一个有价值的认知探索，用以诊断一个社会的成就和失败。

内在能力并不是自然禀赋。然而，自然禀赋的概念确实在人类发展理论中扮演了一种角色。归根到底，"人类发展"这个词本身所表示的就是人类与生俱来的力量的伸展。从历史角度来看，在西方从亚里士多德到约翰·S. 密尔（John S. Mill），再到印度的泰戈尔（Tagore），他们关怀人类自我实现或者活出丰满人生的哲学理念都影响到能力理论。而且能力理论也以多种方式借鉴了有关浪费和贫瘠的直觉理念，以表明一个有碍能力发展的社会到底错在何处。亚当·斯密（Adam Smith）曾经写道，教育的剥夺使得民众"人性内的一个本质要素……变得畸形和残缺"。这一判断就抓住了能力理论背后的一种重要的直觉理念。因此，我们需要一种方法，以讨论那些得到培育或者未经培育的天赋力量，我们在这里可以引入**基本能力**（basic capabilities）这一概念。我们现在知道，基本能力的发展并不取决于基因：在基本能力的延展和塑造过程中，母亲的营养和孕期的经历都有其作用。在此意义上，即便是孩子出生之后，我们也总是在面对已由环境形塑的幼年期的内在能力，而不是一种单纯的潜能。但即便如此，只要我们不对它产生误解，基本能力的范畴还是有其价值的。基本能力就是个人固有的内在潜能，它让后期的发展和训练成为可能。

基本能力的概念必须予以非常谨慎的运用，因为我们很容易设想出一种理论，认为民众的政治和社会权益应当与他们天生的智能或技能成比例。我们的理论并没有提出诸如此类的主张。事实上，它坚持认为，一国之内面向所有人的政治目标应是相同的，即所有人都应当获得超出一定最低线水平的混合能力，混合能力在这里并不要求强制性的运作，而包括选择和行动的实质自由。这就是以平等尊重来对待所有人的意义。因此，面向人之基本能力的态度并不是一种精英统治——天资禀赋更高的人应该得到更优越的对待——事实正相反：那些需要更多帮助才能超越能力底线的人，就应获得更多的帮助。以那些存在认知障碍的人为例，目标应该是要让这些人拥有和"普通"人同样的能力，即便其中有些机会必须通过代理人才能得以行使，而且如果有人无法自我发展出充分的选择能力，代理人在这种情形下可以提供部分的内在能力，比如，如果一个人不能够做出选择，则可以代表该人进行投票。一项前提设定就是这个人必须是人类父母的子女，至少有能力进行某种积极的奋斗。因此，根据这一理论，一个处于永久植物人状态或无脑畸形的人是没有资格享有平等政治权益的。但基本能力的理念在思考教育问题时仍是适当的：如果一个儿童带有与生俱来的认知障碍，那么特殊的干预就是正当的。

能力的另外一面是**运作**（functioning）。运作指一种或多种能力的积极实现。运作并不必然是特别积极的或"强健的"（借用一位批评者的概念）。良好健康的生活就是一种运作，如平静地躺在草地上。运作指作为能力之生长或实现的存在和行动。

在对比能力和运作时，我们不应忘记，能力意味着选择的机会。因此，**选择自由**的观念乃是内置于能力概念之中的。在此借用阿玛蒂亚·森的例子，一个正在挨饿的人和一个正在节食的人，这两个人在营养问题上有着相同形式的运作，但他们并不具有相同的能力，因为节食的那个人可以选择不去节食，但挨饿的人却没得选择。

能力之所以重要，一定意义上是因为它们可以以种种方式转换成运作。如果一个社会只是赋予民众以充分的能力，但民众却从未将能力转化为运作，我们尚不能说这是一个好的社会。假如民众从未运用其能力，民众终生都在沉睡，那么能力就是无意义的、被闲置的。在这一意义上，能力的培育就是为了能力的运作。但能力作为自由和选择的领域，其本身具有价值。能力的推进就是要扩展自由的领域，而这不同于规定民众以既定方式进行能力运作。因此，能力理论不同于经济学中的一种传统，后者根据一组选择可能得到的最佳的运用，来度量该组选择的真正价值。选择是自由，而自由具有其内在价值。

有些政治理念否定上述观点，它们主张，政府应该做的事情是让民众过上健康的生活，从事有意义的活动，自由信教等等。我们否认这种论调，我们认为，政治的恰当目标在于能力，而非运作，*26* 因为这样就可以为人类自由的行使留下空间。在一种促进健康和一种促进健康能力的政策之间存在着巨大的道德鸿沟——后者尊重个人对生活方式的选择，但前者却非如此。

以能力为导向事关尊重不同宗教和世俗人生观的多元性的议题，因此也关系到政治自由主义的理念（详见第四章）。

当然，儿童是不同的，要求儿童实践某些类型的运作（比如义务教育）是其获得成人能力的一种必要前提，由此是可以得到正当性证成的。

能力理论阵营内还有些研究者主张，在一些特殊领域，政府有权去推进能力的运作，而不只是能力本身。例如，理查德·阿尼森（Richard Arneson）就论证了在健康领域内以运作为导向的家长主义政策：政府应当运用其权力，要求民众选择健康的生活方式。阿玛蒂亚·森和我都不同意这一立场，因为我们赋予选择以很高的价值。这里有一种例外，我认为，在事关尊重和平等对待时，政府不应该放任民众进行选择。例如，假定美国政府分给每位公民一个美分，他们下一步可以选择将该美分支付给国家，用以"购买"有尊严的对待；但是如果有人选择保留那个美分，政府就无须尊重这些人。这是不可接受的。政府必须有尊严地对待所有人，不应当去羞辱他们。我之所以指出这一例外，是因为尊严和尊重观念在形成完备能力目录时的核心地位。同样道理，几乎所有的能力理论研究者都会认为，即便多数人表示同意，即便是通过自愿的契约，奴隶制也必须被禁止。

还有一个领域存在着合理的不同意见，这关系到一个人能否去做那些有可能摧毁一些或全部能力的活动。是否应允许民众出售他们的身体器官？允许民众使用会上瘾的麻醉品？允许民众参与各种高风险的运动？通常来说，我们在诸如此类的领域内要做出妥协，而这些妥协并不总是能讲通。因此，大麻在大多数情形下是非法的，但作为一种摧毁性的麻醉品，酒精仍是合法的。我们为了安全的目的而去监管大多数运动，但是我们并没有一种有组织的公共辩论，讨论我们可以基于安全理由合理地限制哪些自由的领域。我们想必可以同意，儿童的能力破坏是一种尤其严重的问题，因此应该构成绝对的禁区。在其他的情形中，有理据的安全规制看起来有其合理性——除非是辩论已经显示，一种选择的禁止（比如说，禁止不戴拳击手套的拳击运动）确实构成了一种对自由的严重侵犯，其程度已经致使民众生活不符合人性尊严的要求。通常而言，情形都并不是如此严重，因此在这种常规的情形中，能力理论并不会给出结论，只是让问题通过政治过程得到解决。

如果我们转向一种相关的关键问题，上述议题将会得到更进一步的阐释：哪些能力是最重要的？能力理论使这一价值性的问题处于核心地位，而不是遮蔽问题。这是本理论所具有的吸引力之一。其他的理论总是在价值问题上站定某种立场，却经常含糊其词或疏于论证。阿玛蒂亚·森和我认为，有必要直面这一问题，并以相关的规范性论证来处理这一问题。

阿玛蒂亚·森通过重点强调、案例选择和隐含推演，在价值议题上选定了一种立场，但是森并未尝试任何一种系统性的回答，这是我们在第四章内还会重返的议题。只要森对能力概念的运用仅限于形成比较的框架，那么他不去尝试一种系统性的回答也是合理的。但是，如果森是在用能力概念来建构一种有关民主和正义的理论，那么他对实体命题的回避就出现了问题。一旦在规范性的法律和公共政策意义上运用能力的概念，研究者最终势必要在实体议题上采取一种立场并判定，有一些能力是重要的，而另一些则不那么重要；有一些能力是好的，有一些（甚至）是坏的。

重新回到基础能力的概念，有助于我们把握上述观点。一个人来到这个世界上时，具有很多"行动和存在"（此处借用森的一个常见概念）的禀赋，而我们必须提出一个问题：哪些禀赋是值得发展为成熟能力的？亚当·斯密在谈到被剥夺教育机会的儿童时指出，他们的人性力量是"残缺和畸形"的。但是，设想一个儿童，家庭和社会教育压制并最终消除了他残酷虐待他人的能力，我们不会用"残缺和畸形"来形容这个孩子，即便我们承认这些能力在天赋人性中有其基础。而且，假设我们得知，一个孩子从来没有被教过一边倒立，一边吹奏《胜利之歌》，我们也不会说这个孩子的人性能力是"残缺和畸形"的，原因在于，即便此情形内的能力并不像残忍的能力那样是坏的，即便它也是适当地植根于人性之中的，它只不过是没有那么重要。

能力理论并不是一种探讨何为人性的理论，它并没有从内在人性中解读出规范。准确地说，它从一开始就是评估性的、伦理性的。它的问题可以表述为：在人类能力得到发展后可以进行的多种活动中，哪些是真正有价值的活动？哪些是一个最低限度公正社会所应努力去培育和支持的能力？有关人性的叙述可以告诉我们，我们具有哪些资源和可能性，我们又将面对何种困难，但它不能告诉我们，什么是有价值的。

动物较之于人类更不具有可塑性，未经痛苦的挫败，人类以外 *29*

的动物不可能学会去压制一种有害的能力。动物还难以被"解读"，因为我们所过的并不是动物的生活。因此，观察动物的实际能力，发展出一种有关每一物种及其生活形式的描述性理论，将在创建动物能力的规范性理论的过程中发挥更大的作用，其程度将超过人类能力理论。但规范性的演习仍至为关键，虽然它可能更加困难。

我们如何动手选择我们要关注的那些能力？这在很大程度上取决于我们的目的。一方面，如果我们的意图只是比较性的，所有类型的能力都表现出了在不同国家和地区间有趣的可比性，因此没有理由进行预先的规定——新问题可以指向新的比较；另一方面，如果我们的目标是要建立政治原则，以在一个追求社会正义的国家内提供宪法和公共政策的基础（或者是为世界各国的共同体提出目标），选择就是最为重要的。但是只根据能力的概念，我们还无从进行选择。"多元能力理论"这一名称并不表明该理论所用的只是单一的概念，并且试图从该概念中挤压出全部体系。

在这里，我要援引人性尊严的理念，以此探讨什么才是人性尊严所要求的生活——或者当我们思考其他的动物物种时，就考虑相应物种所适宜的尊严。尊严是一种直觉观念，绝对不是完全明确的。如果论述者只是就尊严论尊严，好像此概念是全然不证自明的，尊严就可能是变化无常、前后矛盾的。因此，如果尊严被处理为一种直觉式的不证自明的坚实基础，而理论就建立在这一基础之上，这将是理论家的错误。我的方法并没有这么做：尊严是理论的一项要素，但是理论的所有观念都被认为是相互联系的，在彼此之间得到启示和阐释。（这种整体性的、无基础性的证成理念将在第四章得到阐发。）在有关尊严的情形内，尊重的理念表现出一种尤其重要的相对性，而政治原则自身即可说明我们所理解的人性尊严（或其缺失）意味着什么。但是，基本理念可表述如下，在一些生活条件下，民众所过的是一种人性尊严所要求的生活，而在另一些生活条件下却非如此。在后一种情形中，他们保留有尊严，但尊严就好比一张无法承兑的本票。马丁·路德·金就曾经这样评论民族理想中所内含的承诺：尊严好比是"一张写着'资金不足'而被退回的支票"。

虽然尊严是一个模糊的理念，其内容的取得必须基于一种相关理念的网络，但尊严确实有其实际意义。例如，以尊严为导向就区别于以满足为导向。我们可以考虑关于有严重认知障碍人士的教育的辩论。对于许多此类人士而言，即便是未经教育发展，满足仍然可以被制造出来。在为该类人士开放公立学校的司法判决中，法院在关键时刻援引了尊严的观念：如果我们未能提供适当的教育，以发展一名患有唐氏综合征的儿童的心智能力，那么我们就没有以一种与其尊严相称的方式来对待他。此外，在许多领域内，关注尊严将导向保护和支持行动力的政策选择，而非以民众为幼儿、将他们视为被动的救济申请者的政策选择。

要否定对人性尊严的主张，可有许多种方法，但我们可以将它们归结为两种，分别对应内在能力和混合能力的观念。社会、政治、家庭和经济条件可以使人们无法选择去运行一种发展后的内在能力：这种挫败就好比监禁。但是恶劣的条件可能有更深的介入，妨碍或者限定内在能力的发展。在上述两种情形内，基本的人性尊严还在：这个人仍应得到平等的尊重。但在前一种情形内，尊严遭受到更深层的侵犯。思考一下强奸和单纯抢劫之间的区别。两种罪行都伤害了一个人，也都没有剥夺一个人的平等尊严。但是，强奸可以说侵犯了一位妇女的尊严，因为这种行为侵入了她内在的思想和情感生活，由此改变了她与自身的关系。

尊严的概念还与积极奋斗的理念存在密切关联。因此，它可以说是基础能力概念的近亲，是一种内在于个人，并且应当得到发展的禀赋。但是，即便我们可以论证个体之间是否存在内在潜力的差异，人性尊严从一开始在所有的行动主体之间就是平等的（同样，此处也要排除那些永久性植物人和无脑畸形人士，他们没有任何行动能力）。这就是说，所有人都应得到来自法律和制度的平等尊重。如果民众被视作公民，所有公民的主张就是平等的。在这一点上，平等在能力理论中占据一种初始的地位，虽然其角色必须要根据它与理论总体上的契合得到确证。从平等尊严这一预设出发，我们无法推出所有的核心能力都应该平等化。将人作为平等者进行对待，不可能要求实现所有人生活条件的平均。平等对待具体要求什么，该问题必须在更大的舞台上加以独立的论证。

因此总的来说，我的能力理论关注的是对核心自由领域的保护，所谓核心可做如下理解，如果没有这些自由，就无法实现一种人性尊严所要求的生活。假如一种自由并不是如此重要，它将由政治过程的常规运作加以审议。有些时候，一种既定能力显然具有以上所定义的核心地位：例如，关于初等和中等教育的重要性，已经在全世界范围内达成了一种共识。同样可以确定的是，一边倒立一边吹奏《胜利之歌》的能力并不具有核心的重要地位，因此无法获得一种特定层次的保护。许多情形可能在很长时期内都是模棱两可的。例如，妻子拒绝丈夫性要求的权利，是否构成一种有关身体健全的重要权利，这在许多世纪以来并没有明确的答案。我们对这种情形应该进行辩论，每一方都必须提出论证，试图展示一种既定的自由包含在人性尊严理念内。只是在直觉上模糊地诉诸尊严理念，尚无法完成这一工作，只有通过一种长期且具体的过程，对所推定的权益和其他现存权益之间的关系加以讨论，才能完成这一工作——例如，证明妇女在家庭内的身体健全与其作为公民和工作者的充分平等、与其情感和身体健康等等之间的关联。但还是会存在许多无法确定的情形。如何判断一夫多妻婚姻的权利？在家上学的权利？因为能力理论并不从民众的现存偏好（这可以因多种方式而受到扭曲）推演出价值，论证的品质最为关键，而不是支持者的人数。但可以确定的是，能力理论的方法让许多事务成为选择性的，留待政治过程去解决。

这一社会正义的理论方法会作如下设问，在民众行动于其中的人类生活的诸多领域，人性尊严所要求的应当是一种什么样的生活？在最低限度的意义上，十种核心能力的充裕是必须实现的。既然对政府任务有着普遍的共识（也就是说，政府有责任让民众有能力追求一种有尊严，并且在最低限度意义上丰富的生活），这就意味着一种体面的政治秩序必须保证全体公民的十种核心能力至少在最低限度水平以上。

    1. **生命**（life）：正常长度的人类预期寿命；不会过早死

亡，或者在死亡之前，一个人的生活已经降到不值得活下去的水平。

2. **身体健康**（bodily health）：可以拥有良好的健康水平，包括生殖健康；可以摄取充分的营养；有体面的居所。

3. **身体健全**（bodily integrity）：可以在各地之间自由迁徙；免于暴力攻击（包括性骚扰和家庭暴力）的安全；有机会得到性的满足，并在生育事务上有选择的机会。

4. **感觉、想象和思考**（senses，imagination，and thought）：能够运用感官进行想象、思考和推理——以一种"真正人之本性"的方式进行上述活动，这是指应有充分的教育来提供信息和教养，包括但绝不仅限于读写、基础数学和科学训练。在体验和生产个人自我选择的宗教、文艺、音乐等作品和事件时，有能力运用想象力和思考。思考可以得到政治和文艺言论表达自由、宗教活动自由的保障。可以享有愉悦的经验，避免无价值的痛苦。

5. **情感**（emotions）：有爱的能力，可以去爱外在于我们自身的人与物；爱那些爱我们并且关怀我们的人，因为他们的离开而悲伤；总体上说，可以去爱，去悲伤，去体验渴望、感激和有正当理由的愤怒。切勿让恐惧和焦虑毁坏一个人的情感发展。（培育这一能力，也就意味着要支持各种形式的结社，只要可以证明该社团在能力发展中是关键的。）

6. **实践理性**（practical reason）：有能力形成一种人生观，进行有关生活规划的批判性反思。（这就要求保护良心和宗教仪式的自由。）

7. **归属**（affiliation）：（A）能够与他人共同生活在一起，承认并且展示出对他人的关切，参与多种形式的社会互动；能够设身处地地想象他人的处境。（如要保护这一能力，就要保护那些构成并且培育此类归属的制度，还要保护结社和政治言论的自由。）（B）享有自尊和禁止羞辱的社会基础；作为一个有尊严的存在而得到对待，其价值等同于他人的价值。这要求禁止基于种族、性别、性倾向、民族、种姓、宗教和国籍身份的歧视。

8. **其他物种**（other species）：在生活中可以关注动物、植物和自然世界，并与它们保持联系。

9. **娱乐**（play）：有能力去欢笑、游戏、享受休闲活动。

10. **对外在环境的控制**（control over one's environment）：（A）政治上，可以有效参与塑造个人生活的政治选择；享有政治参与、自由言论和结社的权利。（B）物质上，能够拥有财产（包括土地和动产），可以在与他人平等的基础上拥有财产权利；有权在与他人平等的基础上寻找工作；享有免于不正当搜查和占取的自由。在工作中，可以作为一个人进行工作，行使其实践理性，加入与其他工作者相互承认的有意义的关系。

虽然这一目录与人类生活有关，但是它的普遍性标题也提供了一个合理的基础，以此开始更恰当地思考我们对人类以外的动物所要担负的责任，这是在本书最后一章将加以研讨的一个主题。

　　能力首先也主要归属于作为个体存在的人，只是在此基础上推演至团体。能力理论信奉**每一个人作为目的**的原则。该理论规定，目标是要为每一个人、为所有的人培育能力，而不是将有些人用作一种手段，以此去促进其他人或所有人的能力。以个人为导向将会导致政策的巨大不同，例如，许多国家就是将家庭认定为一种应由政策加以支持的同质性的单元，而不会去检查和培育单个家庭成员独立具有的能力。有些时候，以团体为单位的政策（比如少数族群平权行动）可能是创造个人能力的有效手段，但这是此类政策得到证成的唯一方法。人们经常会认定自身归属于更大的集体，比如种族团体、国家或民族，并且为该团体的成就而感到光荣，但是仅仅指出这一显而易见的事实，并不能否定能力理论对个体人的规范关注。古吉拉特邦的许多贫穷居民认同该邦的总体发展成就，即便他们自身并未从中获取太多。但是，能力理论认为每一个人都应得到平等的尊重和关注，即使很多人自身并非总是如此认为。能力理论并非立基于对现存偏好的满足。

　　核心能力具有不可通约的异质性，记住这一点是尤其重要的。国家不可能以培育一种能力或提供充裕金钱为手段，以此实现另一种能力的需求。所有能力都是独特的，所有能力都需要以独特的方式得到保障和保护。如果我们认为一部宪法所保护的能力是全体公民的基本权利，那么我们可以看看它在实践中是如何运作的：如果一部宪法保护宗教自由，而这一自由受到侵犯，即便民众在其他所有重要的能力方面都是安全的、充裕的、舒适的，民众还是有权提出一种面向政府的主张。

我关于社会正义的叙述的基本主张可表述如下：人性尊严应得到尊重，这就要求公民在以上所述的全部十种领域内都发展出最低限以上的能力，而具体所定的最低限应当是充裕的。（我使用公民这个概念，并不是要去否定已定居的外国人——无论合法还是非法——均有一系列的权益，我只是要从核心情形开始讲起。）

这一目录只是一个提议：目录本身保持对辩驳的开放，挑战者可以论证其中一个或多个项目并非如此核心，因此应该交由常规政治过程加以决议，而不是给以特别的保护。我们不妨假设，有些人怀疑娱乐和休闲时间是否应该得到这种特别的保护。我就会指出，对于全世界各地的许多妇女来说，"双重日"——在外面工作，回家后还要承担全部的家务劳动，包括照顾孩子和老人——是一种难以承受的重负，堵塞了通向目录之上多种能力的通路：雇佣机会、政治参与、身体和情感健康、多种形式的友谊。娱乐以及想象能力的自由舒展不仅在工具意义上促进了一个人的生活，而且参与建构了一种值得生活的人生。如要进入核心能力的目录，这就是应当做出的论证。

有些时候，社会现实状况决定了不可能每一个人都发展出最低限水平的全部十种能力：它们中间的两个或多个可能会相互冲突。例如，瓦莎蒂所在邦的贫穷父母们可能会感到，为了生存，他们不得不让孩子们辍学，因为父母需要子女劳动的工资来勉强维持生存。在诸如此类的情形中，经济学家的问题自然就是："我们应如何进行权衡？"但是，假设能力具有其内在的价值和意义（正如我目录上所列的十种能力），能力之间所存在的冲突就会造成悲剧性的情形：无论我们如何选择，都会造成对某些人的伤害。

标准的成本收益分析无法充分理解这一**悲剧性选择**（tragic choice）的情形：一种植根于基本正义的权益受到侵犯，这不仅会造成一种不小的成本，它还是一种性质独特的成本，在一个高度公正的社会内，无人应去承担这种成本。

阿玛蒂亚·森已经证明，诸如此类的悲剧选择显示出经济学标准方法的一种缺陷，这种方法通常要求就全部事件状态进行一种完全的排序。森坚持认为，在悲剧选择的情形内，我们不可能对两种选择进行排序，因此任何排序都将是不完全的。在这里，我和森的批判存在一种微妙的差别。我认为，并不是所有的悲剧情形都包含在两难事态之间无法进行排序的问题。我们应该区分悲剧性困境的存在——任何选择都会造成伤害——和排序的不可能。有些时候，在悲剧性的情形中，一种选择显然要优于另一种选择，即便所有可行的选择都会造成某一类型的伤害。（在埃斯库罗斯［Aeschylus］的戏剧《七将攻忒拜》［*Seven against Thebes*］中，对于悲剧英雄厄特俄克勒斯［Eteocles］而言，选择杀死他的兄弟是一种可怕的错误，当然另一种替代性的选择显然是更严重的错误，这就是摧毁整个城市。）森主张完全排序的要求会让人误入歧途，这一点大概是对的，但是如果他认为所有的悲剧性困境都是不可能进行完全排序的，则是错误的。

当我们看到一个悲剧性选择时——假设每一种能力的最低限水平已经得到适当的设定——我们应该想到："这太残酷了。人们未能过上一种其人性尊严所要求的生活。我们应当如何走向一种未

38

来，在那时，所有能力的主张都可以得到满足呢?"如果全部目录得到拟定，而能力的最低限也设定在一个合理的水平上，上述问题通常来说会有一个答案。回到印度，喀拉拉邦就解决了贫困父母所面临的困境，该邦率先推出了一种弹性学校时间的项目，还提供一顿有营养的午餐，足以弥补儿童的工资损失。这一项目已经基本上在该邦扫除了文盲。看到一个相对贫穷的邦可以通过创造性的探索和努力解决这一难题，印度最高法院已经要求全国所有的公立学校必须为学生提供午餐。

诸如此类的悲剧性选择在富裕国家同样大量存在。如在美国，一位贫穷的单身母亲经常不得不做出如下选择:要么留在孩子身边亲自照顾孩子，要么外出工作以过上体面有水准的生活，这是因为有些福利规则要求母亲必须有全职工作，即便她的孩子因此无法获得高品质的照顾。美国的许多妇女不得不放弃工作机会，这样才可以照顾孩子或年长的家属;家庭和医疗休假的政策，再配合上儿童和老年照顾的公共保障，就可以应对此类困境。在美国很普遍的一种悲剧性选择存在于休闲时间和体面的生活水准之间(后者还包括相关的健康保障福利)。众所周知，美国人的工作时间超过了大多数富裕国家的工作者，可以想见家庭关系会因此而受损，但是解决这一悲剧性情境的充分措施目前尚未展开。能力理论的视角有助于我们看到哪里出现了偏差。

换言之，当我们发现一种悲剧性冲突时，我们并不只是绝望地自缚双手，我们要问，要创造出一种未来，那里的民众不再面对此类选择，最好的干预目标是什么?我们还必须思考，如何尽快地培

39

育民众以取得接近最低限水平的能力，即便我们不可能马上让他们跨越这一水平。举例而言，在我们尚且无法为每一个人提供中等教育资源时，应该为所有人提供初等教育的平等资源。

核心能力还以多种方式相互支持。但是，其中两种看起来扮演了一种独特的**架构性**（architectonic）角色：它们组织起并且扩展至其他种类的能力。这两种能力是**归属**和**实践理性**。之所以说它们扩展至其他能力之中，是指只要其他能力呈现为一种符合人性尊严的形式，这两种能力就已经内含在其中了。假设人们可以获得良好的营养，却没有能力就其健康和营养进行理性判断和规划，这一情形就不完全符合人性尊严：他们像我们照看婴儿一样被照看。在每一种能力的领域内，好政策应当尊重每个人的实践理性：这实际上是以隐含的方式表达出在以自由看待能力的理念中选择的核心地位。实践理性的能力组织起了所有其他能力，这一说法所要表达的含义是更为明显的：规划一个人自己生活的机会，实际上是一种选择并命令与多种能力相对应的运作的机会。

归属也可以作同样的论证：它渗透在其他能力之中，这是指如果这些能力以一种尊重人性尊严的方式得到实现，归属就已是它们的一部分——一个人作为一种社会存在而得到尊重。提供工作选择的机会，却不考虑工作场域内的关系，这是不合适的；同样，健康保险如果忽视了隐私条款对人们保护私密领域的需求，也是不合适的。归属组织着能力，因为有关公共政策的审议是一种社会事务，许多类型（家庭、友谊、团体本位、政治）的关系均在其中扮演着一种结构性的角色。

上述目录上的能力是相当抽象的：谁来进一步将它们具体化？大多数时候，答案应由每一个国家的宪法体制给出，如果该国没有一部成文宪法，则由其政治原则给出。基于各个国家不同的传统和历史，它们在一定程度上有对能力进行不同阐释的空间。全球共同体所提出的是独特的具体化难题，因为并不存在向全体人类负责的普遍政府，可以进行这种具体化的工作。

正如我们所见，能力目录的概念还包含着**底线**（threshold）的理念。在我的理论设计中，这一方法只是一种有关社会正义的不完全理论：它并不试图解决所有的分配难题，它只要具体规定一种相对充裕的社会最低限。培育全体公民的这十种能力，是社会正义的一项必要条件。正义当然可以提出更多的要求，例如，迄今为止所发展出的理论方法并没有论证应当如何处理最低限度以上的不平等。诸多社会正义理论主张，一种充裕的底线水准并不是充分的。有些社会正义理论则要求严格的平等，约翰·罗尔斯（John Rawls）坚持认为，只有在不平等可以提升最差群体的生活水平时，不平等才能得到证成。能力理论并不认为自己已经回答了这些问题，虽然它在未来可能会处理这些问题。

但是，底线确实要求某些情形内的平等。能力的充裕要求何种程度上的能力平等，这是一道难题。唯有通过对每一种能力详加考察，思考对平等人性尊严的尊重要求些什么，我们才可能回答这一问题。例如，我认为，对平等人性尊严的尊重要求平等的投票权和平等的宗教自由权利，而不只是一种充裕的最低限。如果一种体制分配给妇女的选票只是男性的一半，那么这一体制就是显失公正的，这就好比一种体制虽然允许少数宗教成员享有一定的自由，却明显不及多数成员所享有的自由。（例如，基督教徒可以不受惩罚地庆祝他们的宗教节日，因为工作时间就是如此安排的，但犹太教徒和基督复临信徒却因为拒绝在周六工作而被解雇，这一体制显然提出了公平的问题。）我认为，所有的政治权益都具有此类性质，它们的不平等分配就构成了对不平等人员尊严的侮辱。同样，如果一国之内有些儿童具有的教育机会明显不同于其他儿童，即便所有儿童都获得了最低限度以上的教育，这看起来也提出了一项有关基本公平的议题——在一件有关得克萨斯州公立学校的案件中，小瑟古德·马歇尔（Thurgood Jr. Marshall）大法官就做出了著名的论证。要么是平等，要么是尽可能接近平等，这是充足性所提出的要求。

但是，同样的判断可能并不适用于物质条件领域内的权益。充足性所要求的只是有体面的、宽敞的居所，人性尊严并不必然要求每一个人都有完全同样类型的居所。认为人性尊严要求完全平等的物质权益，这无异于是一种财产的拜物教。以上整个议题需要进一步的探讨。

准确设定底线是每一个国家自己的事，而且在一定限度以内，国家有权根据它们的历史和传统，合理地设定不同的底线水平。有一些问题仍然非常困难：在此类情形中，能力理论可以告诉我们应着重考虑什么，但它并没有规定一种最终的权重分配，也未能给出一种确定的判断。（例如，能力理论并不能设定堕胎权利的基本界限，虽然它确实可以告诉我们，在辩论这一分裂性议题时应该将哪些问题考虑在内。) 即便是在划定底线水平之时, 运转良好的民主作为一种常规政治过程也应发挥一种不可或缺的作用。

由底线理念所提出的另一个问题关系到乌托邦主义。在一个极端, 我们可以具体设定一个特别高的底线, 以至于在当下的世界环境下没有国家可以达到。悲剧性的冲突将是无所不在的, 即便是创造性努力和奋斗也不可能解决此类冲突。这一连续谱的另一端是缺乏理想抱负: 我们可以设定一个非常低的底线, 世界各国都能轻松跨越, 但是达不到人性尊严的基本要求。对于宪法制定者 (或者更常见的, 解释抽象宪法的法院和提议制定法的立法者) 来说, 任务在于选择一种既有理想也并非乌托邦的底线, 要求这个国家更有创造性, 做得更好。

关于底线如何设定仍然存在许多问题。例如, 既然各个国家在现实中有着差异极大的经济资源, 底线在每一个国家是否应是相同的? 如果答案是否定的, 这看起来并不尊重贫穷国家的民众, 而他们出生在穷国只是纯粹偶然的因素; 但如果回答是肯定的, 这就至少要求一定程度上的从富国向穷国的再分配, 要求国家承担起它们的一些义务。而且, 否定国家有权基于其历史和现状设定各自不同的底线, 这也有过于专断之嫌。

最近, 沃尔夫和德夏利特的重要著作《劣势》(*Disadvantage*) 丰富了能力理论。他们不仅为十种核心能力的目录提供了支持, 不仅强有力地证成了异质物品的不可通约性, 而且还引进了一些新的概念, 强化了能力理论的理论机制。最重要的概念就是**能力安全** (capability security)。两位作者有理有据地指出, 公共政策不能只

43

向民众提供一种能力，而且还应该以一种民众未来可依赖这种能力的方式提供。想一下瓦莎蒂：当她身背一笔来自其兄弟的贷款时，她享有一些健康和雇佣方面的能力，但这些能力是不安全的，因为她的兄弟随时有可能收回贷款，或者将她扫地出门。妇女自就业联合会的贷款就有安全的保障：只要瓦莎蒂定期工作，她就可以偿还贷款，甚至积累一些储蓄。

沃尔夫和德夏利特在其各自的国家（英国和以色列）观察新移民团体，他们发现，在这些人运用和享有目录上的所有能力时，未来的安全具有一种压倒性的意义。（请注意，安全感是"情感健康"能力的一个面向，但他们所说的既包括情感，也包括合理的期待——能力安全是一种客观的事态，假如政府麻醉人民，让他们感受到能力的安全，但事实上是不安全的，安全的要求就没有得到满足。）安全的观察视角意味着，对于每一种能力，我们必须知道，它在多大程度上得到保护，得以免于市场欲望或权力政治。国家通常用以促进能力安全的一种方法就是制定一部成文宪法，未经一种旷日持久的绝对多数主义的过程，成文宪法就无法得到修正。但是一部宪法并不能自我执行，只有存在着进入司法过程的充分机会并且对法官行为具有正当的信心，宪法才可以有助于能力的安全。

能力安全的问题将我们的思考转向政治程序和政治结构：何种形式的政治组织可以促进安全？法院应该有多大的权力，法院的角色应该如何组织起来？立法机关应该如何组织，它们应该采用何种表决程序，如何去制约利益集团和游说团体干预政治过程的力量？行政机构和专家知识在推进公民能力时应有何种作用？我们将在最后一章回到这些议题——它们在能力理论中并未得到充分的探讨。

沃尔夫和德夏利特还进一步提出了两个很有意义的概念：**孵化性运作**（fertile functioning）和**腐蚀性劣势**（corrosive disadvantage）。孵化性运作指一种能力有可能促进其他相关的能力。（在这一问题上，两位作者并没有明确区分运作和能力，而我担心为了与 fertile 押韵而选择用 functioning，这会有损理论的清晰性。）他们合理地论证，归属就是一种孵化性运作，支持着许多领域内的能力形成。（他们所指的究竟是一种与归属联系在一起的运作，还是一种形成良性归属的能力，这在他们的分析中是不清楚的。）孵化性运作具有多种类型，而何种运作（或能力）是孵化性的，可能在不同环境下有所不同。在瓦莎蒂的故事中，我们可以看到，信贷的机会就是一种孵化性的能力，因为贷款可以让她保护身体健全（不必重新回到她的暴虐丈夫身边），拥有工作的机会，参与政治，拥有一种情感的幸福感，形成有价值的归属，并且享有更高程度的自尊。在其他的环境内，教育扮演着一种孵化性的角色，开启了许多类型的选择。土地所有权有时也有一种孵化作用，保护妇女免于家庭暴力，给予她退出家庭的选择，并且在一般意义上提升她的地位。腐蚀性劣势是孵化性能力的反面，它是一种可能极大影响生活其他领域的剥夺。在瓦莎蒂的故事中，屈从于家庭暴力就是一种腐蚀性劣势：她的身体健全得不到保护，这损害了她的健康、情感幸福、归属、实践理性，毫无疑问也包括其他能力。

之所以要确定孵化性能力/运作和腐蚀性劣势，目的在于找到公共政策的最佳干预点。每一种能力都有自身的重要性，而所有的

45

公民都应获得底线水平以上的全部十种能力。但是，有一些能力应当居于优先地位，而赋予优先性的一种理由就在于该项目所具有的孵化性，或是它有可能消除腐蚀性劣势。这一理念有助于我们思考悲剧性选择，因为如要走向一种没有悲剧的未来，最好的方式经常是选择出一种尤其有孵化力的运作，然后将我们的稀缺资源分配在上面。

第三章　一种必要的对立理论

发展经济学不只是一门象牙塔内的学科，它对我们的世界具有
广泛的影响力。该领域内的主导理论会影响政治领导人和政策制定
者的选择，有时是直接的，通过政治家对这些理论的认识；有时是
间接的，通过他们从经济学家以及国际货币基金组织或世界银行此
类国际机构那里得到的建议。因为贫穷国家尤其依附于世界银行和
国际货币基金组织的政策，所以更加受制于发展经济学中的主流理
论，此类理论影响着世界各地民众的生活。事实上，只要国家在计
划着提升民众的生活品质，或者主张它们已经成功实现该目标，此
类理论所包含的思考方式就得以运用。世界各地都已经感受到了要
去面对这些主导模式的一种需要。实际上，法国作为一个非常富裕
的国家，已经发起了对生活品质测量的深刻反思（受到能力理论的

深远影响），这就是现在所知的萨科齐委员会，该委员会分析所运用的大部分数据来自富裕国家。而我们思考发展理论时，我们所思考的是每一个国家内民众所追求的是什么：一种体面的生活品质。

GDP 的方法

47　　多年以来，发展经济学的主导模型观察由人均 GDP 表现出的经济增长，以此来衡量一个国家的进步。这一方法有其优势：GDP相对容易测算，因为货物和服务的金钱价值使不同类型数值的比较成为可能。而且，GDP 有着较高的透明度：国家难以为了面子上好看些而去伪造数据。而且经济增长至少指向了一种正确的发展方向，因此将其作为一个国家或区域相对成绩的指标之一，看起来是合乎情理的。此外，许多发展的实践者也相信所谓的下渗理论（trickle-down theory），该理论在 20 世纪 80 年代和 90 年代曾风行一时，它认为经济增长的效益必定会改善穷人的命运，即便没有为此采取任何直接的行动。

时至今日，下渗理论已经遭到许多方面的质疑。例如，让·德雷兹（Jean Drèze）和阿玛蒂亚·森曾经合作完成了对印度各邦的比较研究（这是一个绝好的研究对象，因为这些邦共享着一套政治制度，但是在经济发展和健康、教育事务上却奉行完全不同的政策）。他们的研究表明，高速的经济增长并不能自动改善健康和教育此类重要领域的生活品质。还有一些数据，包括中国和印度在过去 60 年中的比较，也可表明，GDP 增长与政治自由的兴起和巩固并不存在相关性。除此之外，由《人类发展报告》所收集的数据也可表明，人类发展指数（Human Development Index，HDI）将教育和寿命计算在内，由此产生的国家排序不同于单纯由人均 GDP 所产生的排序。例如，美国由 GDP 榜单上的第一位滑落到 HDI 排序上的第 12 位，而它在其他具体能力的表现上甚至排序更低。但在 20 世纪 80 年代，这些事实还并不为人所知，因此至少在那时，GDP 方法看起来是一种测量生活相对品质的合理方式——即便对于那些真正关注穷人境遇以及医疗保险和教育品质的人们来说，情况也是如此。

　　发展是一个规范性的概念。它意味着或者应当意味着事情正在越来越好。因此，根据人均 GDP 进行国家之间的排序，言下之意就是榜单顶端国家的民众做得更好，生活也越来越好。有时候，这种言下之意得到更明确的表达：人均 GDP 被设定为一国之内生活品质的衡量指标。我们现在都清楚地知道这种观察国家和区域的方式所存在的问题，但是在此还是可以做一详细阐述。

　　首先，即便我们相信可以在金钱意义上来衡量生活品质，同时相信可以运用一个单一的平均值，而不去考察分配，人均 GDP 也并不必定就是应予以考察的最有趣的概念。正如萨科齐委员会的报告所指出的，平均家庭收入看起来更能代表人们的实际生活水平，而 GDP 的增长并不必然导致平均家庭收入的增加，在一个全球化的世界内尤其是如此，经济利润在这里会被外国投资者调回其国内，而不会促进本国公民的消费能力。而且，GDP 是一种总量而非纯量，它并没有计算资本物品的折旧。GDP 指标的使用者最起码应当承认，其他的国家指标也各有其意义，而家庭的视角尤其必 *49* 须考虑在内。一旦我们承认这一点——正如萨科齐委员会所论证的——我们就有充分的理由继续向前推进，承认非市场的家庭劳动的价值也应该得到统计，因为家务劳动实际上是一种替代品，否则的话，相关物品和劳务只有在市场上才能购得。但是，即便在现有的平均家庭收入的指标中，该价值也未能得到体现。即便是在最简单的经济学水平上，GDP 也受到越来越多的挑战，只是目前还未能看到一种简易的可替代概念。

其次，GDP 的方法，也包括所有基于一种全国平均数值的同类方法，都没有考察分配，因此那些存在着惊人不平等的国家反而有可能得到高分，表明此类国家正走在正确的轨道上。种族隔离时代的南非有着令人触目惊心的不平等，但它曾经高居发展中国家排名的榜首：南非拥有巨量的资产，如果我们用财富除以该国的人口数，我们可以得到一个很不错的数字，因为总量数据实在是如此巨大。但很显然，此类比例数字并未告诉我们，财富分布在哪儿，谁控制着财富，而那些无从获取财富的人们处于何种境遇。

GDP 的方法不仅未能考察穷人的生活品质，而且未能提出南非这个案例所充分表明的一种问题：在全体人口中是否有种族、宗教、民族或性别团体被特别边缘化和剥夺？

再次，GDP 的方法在生活的多元组成部分之间进行了汇总测量，暗含着单一的数字可以包含有关生活品质我们所要知道的一切，但现实是它并不能为我们提供有效的信息。它汇总了人类生活

中那些不同且相互间无甚关联的面向：健康、寿命、教育、身体安
全、政治权利和参与通道、环境质量、雇佣机会、闲暇时间等等。　*50*
即便南非的全体公民都有人均 GDP 数字所给出的财富量，该数字
也无法告诉我们，南非公民在这些不同的领域内做得如何。有些国
家在人均 GDP 的数值上相差无几，但在医疗保险系统的品质、公
共教育的质量以及政治权利和自由上却存在着天壤之别。当然，我
们刚提到的权力差异也经常会放大此类差别：即便我们假定多数群
体和少数群体具有相等的财富和收入（事实通常并非如此），它们
也可能具有非常不平等的宗教自由、政治参与渠道或者免于暴力的
安全。

由于未能深度关切分配议题、政治自由的意义、少数群体被压
制的可能，以及应予关注的生活不同面向，GDP 的方法遮蔽了那
些紧要的事务，而认为当一个国家提升其人均 GDP 的时候，这个
国家就在很好地"发展"。

即便 GDP 在一定程度上是其他能力的一种准确代表，它充其
量也只是一种代表，它并没有告诉我们什么是真正重要的。既然重
要的事情还有待研究，直接转向它们看起来就是合理的。具体说明
目标本身就有一种政策效应，它有说服力地告诫我们，真正的人生
意义不在于 GDP，而是在别处。

效用主义的方法

从 GDP 模型再进一步就是另一种常见的经济学方法，它衡量

一国生活品质的方法是观察其总体或平均效用（utility），在这里，

51 效用可理解为偏好的满足。（该方法植根于政治哲学，而它更哲学的版本将在第四章进行考察。）效用主义（又译功利主义）方法的优点是它关注人本身：它根据人们所报告的对生活的感受来衡量生活品质。杰里米·边沁（Jeremy Bentham）作为效用主义的奠基人就曾这样阐释过它的伟大价值："每个人都只算作一个人，没有人可以算作一人以上。"这也就是说，即便 A 是农夫，B 是国王，A 的满足与 B 的满足也应得到相同的计算。每个人都只有一张选票。所以此理论潜在是非常民主的——在一种等级建制的环境内，它甚至是激进的。这也正是边沁的意图。有些人诋毁效用主义是冷血的或者是大商业的盟友，他们经常错误地忘记了它的激进根源和信念。

但是，意图并不是全部。作为一国之内生活品质的衡量指标，效用主义方法会产生四个方面的难题，这让该方法不像看起来那么民主，并成为一种错误的公共政策引导。

第一，如 GDP 方法一样，效用主义也对不同的人生进行加总统计。即便效用主义基于的是满足，而不是财富——因此并没有全然忽视在财富上一文不名的穷人（这是 GDP 模式的做法）——它还是带有一种类似的问题。只要一国之内有很多人过着优渥的生活，即便那些位于社会底层的人们正在受苦受难，这个国家同样可以得到一种非常高的平均或总体效用。事实上，效用主义的方法从不反对将一种非常悲惨的生活强加给下层阶级，只要这一策略提升了平均满意水平。当且仅当模棱两可的经验证据表明奴隶制和酷刑

是没有效率的，奴隶制和酷刑才在相应程度上被判定为不正当的。

第二，如 GDP 方法一样，效用主义的理论在生活的多元组成 52
部分之间进行了加总统计。"满足"这个词就好比效用主义者经常
运用的另一个词"愉悦"，作为一种全能的尺度，它们所表达的是
单一性和可通约性，而真实的生活则显示出多元化和不可通约性。
想一下我们在一顿美餐后所感到的满足，再设想一下如下的活动：
向一位患难之交伸出援手，生儿育女，或是聆听一首悲伤但意义深
远的乐曲，我们如何能够比较此类活动带来的愉悦或满足和美餐带
来的满足？我们如何去通约马勒（Mahler）的第十交响曲的愉悦和
蛋筒冰激凌的愉悦？这一观念本身就是荒谬可笑的。我们通常并不
进行此类比较，我们认为人类生活包含了许多不同类型的愉悦或满
足。如果你被问及："你对自己的生活感到多大的满足？"——这是
效用主义阵营内的社会科学家喜欢提出的那类问题——你很可能会
这样回答："嗯，我的健康状况非常好，我的工作相当顺利，但是
我有一位朋友生病了，我为此非常担忧。"但是效用主义的社会科
学家并不允许此类常规却复杂的答案。他们所设计的调研问卷只包
括一种单一的尺度，而受访者不得不选择一个单一的数字。虽然许
多人仍会回答问卷上的问题，但这一事实并不表明答题者同意提问
者的预设，即满足可在单一尺度之上进行通约。如果这一事实可以
告诉我们些什么，这就是我们已经知道的一件事：人们总是尊重权
威。如果有权威的人士以一种特定方式设计了问卷，那么我们只能
服从这个问卷，即便它看起来还相当粗糙。另外别忘了，有些人会
因为反对问题的设计方式而选择不作答，但在结果统计之时他们并

未被计算在内。

53 简言之，效用主义的理论看起来好像关注民众，但它并没有深刻关怀每一个人，它的一元尺度方法基本上抹去了人们在其生活中如何寻找并发现价值的问题。边沁并不是存心冷酷或麻木，他只是想象力有限的人。他的学生约翰·密尔在其传世文章《论边沁》中就曾指出："他对许多人性最自然和最强烈的感情没有同情心；他全然自绝于许多人性最精致的经验；由于想象力的欠缺，他拒绝承认……一种心智有能力去理解另一种不同的心智。"

边沁、密尔以及许多当代的效用主义经济学家（例如加里·贝克〔Gary Becker〕）都将效用等同于某种真实的心理状态，比如愉悦或满足，这种状态的认定并不依附于选择，而且是发生在选择之后的。效用主义的另一种形式认为偏好是由选择所显示的。在经济学的这两种立场之间有着复杂的技术论证，我们在此不可能复述这些论证。但是阿玛蒂亚·森在经济学内的重要成就之一，就是证明了偏好显示的方法存在着不可克服的难题。在《选择的内在一致性》这篇文章中，森证明了如此建构的偏好甚至无法遵循合理性的基本公理，比如传递性。（如果 A 优于 B，而 B 又优于 C，那么传递性认为 A 优于 C。）基于这一原因，我将自己的批判限定在我所认为的更具说服力的偏好效用主义版本。

我们可以设想，效用主义的理论有能力去回应我前述的两种批判：关于第一种批判，效用主义可以采取一种独立的有关社会最低限度的叙述；关于第二种批判，效用主义可以承认效用具有多元的维度。约翰·密尔曾经做出第二种修正，他提出在效用内部存在着质的区别。阿玛蒂亚·森在其经典文章《论多元效用》中追随密尔的脚步。而且密尔至少开始着手回应第一种批判，他赋予政治权利 一种安全的地位，这显然独立于效用主义的计算。

但是第三种反对意见挖得更深，它要求我们完全离开以效用为基础的标准。这一反对意见以阿玛蒂亚·森和乔·埃尔斯特（Jon Elster）的研究而著称，它所关注的是偏好和满足的社会可塑性。偏好并不是不可改变的，它们要对社会条件做出反应。当社会将某些物品放在某些人所能触及的范围以外时，这些人通常就学会了不去追求这些物品；他们形成了埃尔斯特和森所说的**适应性偏好**（adaptive preferences）。有些时候，适应发生在个人起初所要追求某物品之后：埃尔斯特的《酸葡萄》（*Sour Grapes*）这本书就得名自那则关于狐狸的寓言，狐狸在发现它不能够到葡萄后，才开始说葡萄是酸的。但还有一些时候，人们从一开始就学会了不去追求某些物品，因为对于他/她们所属的性别、种族或阶级而言，这些物品是不可及因此不可望的。如果女性在教养过程中被灌输了她们不应外出工作或不应进入学校接受教育的角色设定，那么她们经常不会形成对这些事物的欲求，因此她们会表示出对现状的满意，即便她们被否认了那些本当享有的机会。其他边缘化的团体也经常会吸收内化他们的二等公民身份。因为效用主义根据现存偏好的满足来定义社会目标，所以该方法经常强化了可能非常不公正的现状。

阿玛蒂亚·森关于适应性偏好的研究聚焦于这些终身性的适应。森的研究证明，即便是在身体健康的层次上，人们关于好或坏状态的期待和反馈也反映了社会预期。森比较了孟加拉国寡妇和鳏

55　夫的健康报告，他发现鳏夫总是牢骚太盛：归根到底，他们所失去的是那个曾经尽心尽力照顾他们的伴侣。虽然一份独立的医疗评估认定寡妇的状况实际上更加糟糕，但她们却几乎没有抱怨：因为社会曾经告诉她们，她们在丈夫死亡后就已经无权继续生存下去。

瓦莎蒂的生活就凸显了这类问题，因为她从未对不识字或者无法参与政治表示过不满，直至妇女自就业联合会意识觉醒的经历向她表明这些能力的重要性，鼓励她将自己当作一个和他人价值平等的人。虽然瓦莎蒂肯定不可能适应家庭暴力，但她确实在改变自己从而适应一种多种核心能力缺位的生活——一直到她得到引导，看到这些核心能力的价值。

第四种同时也是最后一种反对意见同样强而有力：我所描述的效用主义的方法关注的是作为一种目标的满足。满足通常被定义为一种行动之后的人的状态或情况，它本身并不是一种行动的形式，甚至没有相关联的行动，满足依然可以实现。例如，一个人可以因为完成一项工作而感到满足，即便她事实上什么都没做，但被欺骗以至于相信她做完了工作。哲学家罗伯特·诺齐克（Robert Nozick）在阐释这一论点时曾经设想出一台"体验机器"：一旦连接上这台机器设备，你将产生你正在陷入爱河、享受美食或者努力工作的幻觉，而你也将具有与这些活动联系在一起的满足经验——但在现实中，你压根什么都没有做。诺齐克确信，大多数人都不会选择这台体验机器。他们会选择一种有选择和行动的生活，即便事前知道许多活动将会以失败而告终。他的大多数读者也同意这一判断。

简言之，效用主义的方法低估了自由的价值。自由的价值可以 *56*
表现为一种获得满足的手段，在这一问题上，效用主义者和能力理
论家可以形成共识，因为后者同样强调自由的工具意义。但是选择
和行动的自由，不仅是一种手段，还是一种目的，而标准的效用主
义立场却未能理解这一层面。

在瓦莎蒂所处的生活环境中，选择和行动的议题就凸显出来。
妇女经常被认定为被动的依附者，是需要被照顾（或忽视）的生
物，而不是选择应当得到尊重的独立的人。换言之，她们经常被幼
儿化。我们认为，在一定的限度以内，满足对未成年人而言是一种
适当的目标——虽然我们希望未成年人可以尽快地自主活动，即便
这会给他们带来挫败感，但可以肯定，一种被动的满足状态并不构
成成年人的适宜目标。一种公共政策的目标是照顾民众，另一种公
共政策的目标是推崇选择，两者之间存在着很大的区别。即便是在
营养的领域内，我们最初可能认为满足在该领域内是我们全部的目
标，但我们还是可以发现，在营养问题上只向民众发放食物却不让
他们选择的政策，并没有充分尊重他们的自由。我们在前文中曾论
述实践理性渗透到所有其他目标之中，目标的追求因此符合人性尊
严，这也是这种论点的一种版本。

以资源为基础的理论

在效用主义的方法以外，我们还可以选择一组流行的理论方

法，它们要求基本资源的平等（或者尽可能充分的再分配）分布，将财富和收入理解为此类通用的资源。阿玛蒂亚·森经常批评这类方法，他首要的靶子就是约翰·罗尔斯在《正义论》（*A Theory of Justice*）中提出的"基本善"（primary goods）理论。但是如果考虑到基本善对罗尔斯来说只不过是一种高度复杂的总体理论内的一个元素，我们最好还是不要引用他的理论，而是思考一种更简化的方案，即**只要国家在其全体公民中间平等（或尽可能平等）地分配资源**，那么一个国家所拥有的资源越多，它就做得越好。我们可以将之称为"以资源为基础的理论"。这一理论是 GDP 主义的一种平等主义版本。

这一计划的价值在于它对分配的特别关注，但是它也遭遇到难以应对的反对意见。首先，收入和财富并不能准确反映出民众实际上可以做些什么，又能够成为什么。如果人们想要达到一种水平相同的运作，他们对资源实际上有不同的需求，而且他们将资源转化为运作的能力也存在差异。有一些相关的差异是身体性的：就健康的身体运作而言，儿童比起成年人就需要更多的蛋白质，怀孕或哺乳期的妇女比起没有怀孕的妇女需要更多的营养。一种合理的公共政策不会向所有人配给平等的营养资源，而是（例如）会将更多资源分配给儿童的蛋白质需求，因为合理的政策目标不只是扩散金钱，而是赋予人们以运作的能力。金钱只不过是一种工具。

此外，还有一些相关的差异是由持续的社会不平等所造成的，在此问题上，以资源为基础的理论一如此前考察的诸理论，都被证明充当着现状的盟友。在一个强烈否定女性教育的社会内，为了给男性和女性提供相当的教育机会，我们向女性教育投放的资源应当超过男性教育的资源。如果我们希望身体残疾的人士可以像"正常"人一样在社会中自由行动，我们就必须将更多的资金投放在他们身上，在建筑物内修建斜坡通道，为公交车安装升降梯等等。这两个案例基于相同的道理：之所以要求额外的开支，原因在于社会在过去的不公正运行，例如其构建社会环境的方式使得某些民众被边缘化。但是即便我们考察额外开支并不是基于补救原因的案例，它还是合理的，虽然论证有所不同：为一名患有唐氏综合征的儿童提供教育，所需成本要超过其他儿童，但是如要致力实现全体公民的教育，一个社会不应回避这一开支。就我们的目标而言，我们应当看到，在上述两种情形中，以资源为基础的理论都未能充分告诉我们，人们实际上在如何行动。它可能会高度评价一个无视边缘或被剥夺团体之抗议的国家。

在许多领域，收入和财富并不能充分代表运作能力。在关于社会尊重、包容和反侮辱的议题上，它们甚至可能是错误的代表。很多社会内都生活着这样一类团体，他们相当富裕，但在社会意义上却受到排斥，例如，18世纪和19世纪欧洲的犹太人，20世纪美国的同性恋者。即便我们完全平等分配财富和收入，我们也不会摆脱掉侮辱和歧视。

此外，在一个财富和收入既相当充裕，又得到充分平等分配的社会内，也有可能完全或基本上缺乏某些物品。这样的社会仍有可能没有宗教自由、言论和结社自由。或者是社会虽有这些自由，但未能提供一种未受污染的环境。人均 GDP 即便得到平等的分配，还是无法准确代表上述其他的重要物品。如果我们认为所有这些事项都是重要的，我们就应当要求公共政策去关注它们中的每一种，而不是认为只需关注收入和财富，所有事项就都可以得到实现。

能力和测量问题

59   从这些不满之中生发出一种观念，即我们必须提出的真问题是：人们实际上可以做些什么，又能够成为什么？社会为他们提供的是何种活动和选择的真正机会？无论是阿玛蒂亚·森及受其影响的发展经济学家所运用的生活品质的比较理论，还是我所发展的最低限度正义的理论，这一方法在所有相关形式中都坚持认为，全部重要的机会或能力都有异质性和不可通约性，分配有其重要意义，偏好无法准确指示什么才是真正值得追求的价值。

如果阅读联合国开发计划署的《人类发展报告》就会发现，它们还是运用人类发展指数这个单一尺度进行国家间排序的。人类发展指数是一种基于多项数据的加权统计，包括预期寿命、受教育程度和人均 GDP。（每一份报告的技术附录内都解释了各项指标的权重。）因此我们可以主张，人类发展指数也同样犯下了前述诸理论所被指控的过度简化的错误。但是这种反对意见误读了人类发展指数的功能。人类发展指数的提出是一种策略。只是在第一份人类发展报告将要形成之时，该指数才伴随着一些正统主义者的反对声音被写入了报告，这是因为马赫布卜·乌·哈格作为一位坚定的实用主义者相信，国家已习惯于看到一种一元化的排序，它们很难认同其他做法，除非报告可以给出某种一元化的排序，否则报告根本不会影响到世界各国。重要的是提出一种不同的一元数字，它将加大那些在发展排序中通常不被重视的项目的权重，比如预期寿命和受教育程度。因此，首先用这个与众不同的一元数字来吸引人们的注意力，展示出健康和教育的重要性，报告起草者就可以期望，人们在看完第一个图表后还会继续阅读在报告余下部分所展示的分解数据。分解数据才是关键之所在，但是一元数据如被视为提示性的而不是决定性的，就可以将思考引向数据的某些重要方面。

多年以来，《人类发展报告》都保留着人类发展指数和分解数据，但是报告还加入了其他提示性的加总数据。性别发展指数（Gender Development Index）纠正了人类发展指数的性别不平衡，有些国家（比如日本）曾因它在人类发展指数上排名前列而感到骄傲，却惊讶地发现它们在性别发展指数上的排名十分靠后。而性别赋权指标（Gender Empowerment Measure）在衡量妇女的成就时，不仅统计预期寿命和教育，而且考察她们进入管理和政治职位的渠道。事实证明此举颇具启发性，因为性别发展指数和性别赋权指标在许多情形中存在着明显的不一致。因此，性别赋权指标虽然是一项加总数据，却引导读者去思考管理和政治权力作为妇女平等元素的独立意义。其他的提示性加总指标也已写入报告。最终，每一份报告都有一个主题（科技、人权等等），围绕着每一个主题都撰写了有充分数据的文章。因此，每一位阅读报告的人都不会形成一元化数字是全部意义所在的印象。一元化的数据将思考引向了相关的

60

核心能力。

读者很自然地想要知道，能力能否以及如何得到测量。人们总是容易陷入所谓的"测量的谬误"，这就是说，如指出某一种指标（比如说 GDP）容易进行测量，人们就相信该指标是最相关或最核心的事。当然不能得出这样的结论。但是，如果有人想要倡导一种新的公共行动的价值标准，他们就仍需证明，我们在原则上可以找到测量该价值的方法。能力是多元的，但这并不意味着每一种能力无法得到独立测量。真正的困难在于，能力的概念以一种复杂的方式将内在准备和外在机会混合在一起，测量因此很可能并非一件易事。这一问题困扰着许多能力理论的工作者，而大量有关能力测量的文献正在被生产出来。有时候，我们可能不得不从运作模式中推出能力。例如，假设我们观察到美国黑人普遍存在低投票率，我们不能直接做出推论，认定这一运作的缺位就是一种能力的缺位，因为人们可能只是选择不去投票。但是，当一种低水准运作的模式与社会限制和恶性歧视相互关联时，我们就可以质疑，有一些不易觉察的障碍确实正在干预政治能力。它们可能包括选民登记的壁垒、进入投票场所的困难，以及在投票地点对这些选民的诋毁；它们还可能包括教育的不平等、持续存在的无助感，以及其他更难感知的能力失败。但问题的复杂性并不表明它是不真实的，是不可以进行研究的，所以，对于复杂性的正确回应是要更努力地工作，以确定和测量相关的因素。同样，当我们想要知道人们是否有休闲和娱乐的机会时，我们可以从简单处开始，观察工作时间和闲暇时间。但是我们很快就会遇到更复杂的议题，比如公园和其他休闲设施的位置、维护和安全。

人们经常认为测量涉及某一类型的数字尺度，但是在现实生活中，我们也熟知其他类型的、更为定性化的测量。当美国最高法院审议一部法律是否侵犯了第一修正案所保护的言论自由时，法院所运用的并不是一种数字尺度，让各种言论体制在该尺度上排序成一列；事实上，法院会求助于美国宪法的文本、法院自身的先例，以及其他相关的历史和社会材料。即便如此，美国最高法院还是可以判定，一种既定的政策是否让某些公民连一种最低限度的言论自由都无法获得。我认为，有一些能力必须以这种方式得到测量，而根本不可能用一种定量的尺度。如果我们认为，在关于言论自由或宗教自由的案例中，一种数字尺度将是有价值的，我们很可能已经运用了前述的方法。事实上，至少对于那些涉及一项基本权益的底线水平的问题，所发展出来的分析形式看起来是合适的。

人权理论

能力理论与国际人权运动有着密切的关联。确切地说，我所发展的能力理论就可以被认定为人权理论的一种。阿玛蒂亚·森也在强调能力和人权之间的紧密联系。能力理论和人权理论之间的一致之处可表述为如下理念，即每一个人只因为他是人，就享有一些核心的权益，而社会有其基本义务去尊重和支持这些权益。（我的理论认为人类以外的动物也有权益，在此意义上它比人权理论更为宽

63 泛。）两种理论在内容上也密切相关。我所列目录内的能力与《世界人权宣言》和其他人权文件所认可的人权存在相当程度的重合。事实上，它们涵盖了所谓"第一代人权"（政治与公民权利）和"第二代人权"（经济与社会权利）的领域。而且它们还发挥着一种类似的功能，为跨文化的比较和宪法保障提供了一个基础。由于人权范式在一定程度上被批判为未能充分关注性别、种族等议题，能力理论与最卓越的人权理论一样，试图修正这些缺陷。

能力理论以多种重要的方式补充了主流的人权理论，这特别表现为能力理论的基本理念有着明晰的哲学基础以及具体构想的吸引力。例如，能力理论认为权利主张可追溯至单纯的人之出生和最低限度的行动力，而不是理性或一定量的财产，这让能力理论可以承认认知障碍人士的平等人权。较之于大多数主流的权利叙事，能力理论更为清楚地表述了人权和人性尊严之间的关系（核心能力在一定程度上就是根据尊严界定的）。能力理论明确表达出人类权益和其他物种权益之间的关系（每一种有感知能力的生物都有植根于正义的权益，当悲剧性冲突存在于一个物种之内时，它们应当通过努力实现一个此类冲突不再存在的世界而得到解决）。最后，能力理论还阐释了人权和人类义务之间的关系。人权理论并不是充分整合起来的理论，而能力理论正在向这个目标努力。

核心能力作为根本人类权益的理念与义务理念之间存在一种概念上的关联。即使在我们能够向具体的人或团体分配义务之前，一*64* 种权益的存在就要求同类义务的存在。在国家内部，这些义务首先归属于国家的基本政治结构，由它来负责向全体公民分配在最低限以上的充裕的全部权益。但是，如果没有来自富裕国家的援助，穷国不可能实现它们全部的能力义务，富裕国家因此具有这种援助义务。推进人类能力的其他义务则分配给公司、国际机构和协议，而最终是个人（参见第六章）。

在我看来，核心能力和政府之间存在着概念上的关联。如果一种能力确实属于核心能力目录，这是因为它直接关系到人性尊严所要求的生活的可能性本身。一种有关政府之目标的标准叙述认为，政府的任务至少是要让民众有可能过上这种人性尊严所要求的生活。其他能力与这一可能性就不那么相关，因此它们就不是政府的任务，但如果国家要实现一种最低限度的公正，政府就有责任培育我所列举的十种能力。（政府当然可以将一部分任务委托给私人主体，但最终还是由政府——这里是指社会的基本政治结构——承担起培育能力的根本责任。）在世界作为一个整体的情形中，如果我们认定一元化的普适政府并不是解决能力失败问题的最好方法，那么政府们在培育能力时仍扮演着一种主要角色：首先是每一个国家的政府，接下来是富裕国家的政府，它们有责任援助贫穷国家。

阿玛蒂亚·森在比较人权和能力时曾经指出，能力并不具有人权所具有的与政府的概念关联。但是森所说的是一般意义上的能力，而不是核心能力，后者是他表述理论时未使用的一个概念。在阿玛蒂亚·森的许多论著中，他似乎同意根据政府在培育能力时的表现去评价政府——比如医疗保险和教育——它们都是我目录上的核心元素。在这一点上，我和阿玛蒂亚·森看起来并没有大的不一致——或者说，即便我们之间存在一定的不一致，它也只是一种更

65

具一般性的不一致的一部分，后者关系到在建构一种正义理论的过程中能力目录所可能发挥的作用。

能力理论以上述方式对标准人权模型做出补充。但是，能力理论还提出了至少对某些主流人权模式的批评。一种有关权利的重要观念可常见于美国的政治和法律传统，它将权利理解为免于国家干预行为的盾牌：如果国家只是放开其干预之手，权利自然可以得到保障。相比之下，能力理论坚持认为，所有权益都要求政府去完成一种积极任务：政府必须积极支持民众的能力，而不只是不去设置障碍。如果缺乏行动，权利只不过是空头支票。瓦莎蒂并没有遭到古吉拉特邦政府的虐待，而是被其丈夫毒打。但是，如果一个政府没有制定并且积极执行反家庭暴力法，或者没有为妇女提供她们所需的教育和技能，让她们在离开施虐的丈夫后还可挣得供自己生存下去的工资，那么这个政府就要对此类妇女所承受的侮辱负责。在政府行为将权利变为现实之前，根本权利只是一纸空文。我们在这里经常会听到"消极自由"的观念，而它本身就是一种混乱的理念：所有的自由都是积极的，都意味着**去做**某事或**成为**某人的自由；所有自由都要求禁止来自他人的干预。这在美国是尤其必须强调的一点，这里的人们有时候总在想象，消极无为的政府才是最好的政府。

如果我们观察那些长期以来遭受压制和排斥的团体，"消极"权利和真实的混合能力之间的区别会变得尤其清楚。就在印度起草一部写满公民基本权利之条款的宪法时，尼赫鲁（Nehru）的法律部长安贝德卡（B. R. Ambedkar）本人就是一位**达利特**（此前所谓

的"不可接触者")。他反复指出，除非推动一系列相关的积极国家
项目，从而确保被排斥团体得以享有他们的权利，否则的话，平等
权利写入宪法对他们毫无意义。此类国家项目包括：防止他人的干
预，在经济上支持那些有可能出于绝望而放弃权利的民众，在政治
和教育中的平权行动。如果没有此类项目，权利不过就是一纸空
文。基于同样的理由，种族主义和性别主义在美国如要拨乱反正，
所要求的也不仅是形式上的平等对待，而且应包括积极的政府行
动，以终结不平等的机会。美国最高法院在终结所谓"隔离但平
等"的体制时，反复使用了能力的话语，判定在隔离学校的黑人和
白人学童以及无权进入全男性机构的妇女都承受着能力的失败。法
院在审查这些制度设置时反复提出一个问题：人们实际上可以做些
什么，又能够成为什么？

在国家与家庭或居所的关系场域内，国家不作为和"消极自
由"的观念尤其具有破坏性。古典自由主义对公共领域和私人领域
的区分，也助长了许多自由主义思想家在讨论国家行为时的自然冷
漠：即便国家在一些领域内可以行动起来去保护人们的权利，但总
是还有一个国家不应触及的特别领域，这就是家庭。妇女已经正当
地抗议，有些传统的人权模式错误地忽视了妇女在家庭中受到的虐
待。能力理论纠正了这一错误，它坚持认为，只要家庭成员的权利
受到侵犯，进入家庭内部的干预就是可以得到证成的。

基于相关的理由，能力理论不承认在人权运动中常见的第一代
人权（政治与公民权利）和第二代人权（经济与社会权利）的区
别。这一区别意味着政治与公民权利并不需要经济和社会的前提条

件。能力理论则给出了相反的结论。所有权益都需要积极的政府行动，包括公共开支，因此所有权益在一定程度上都是经济与社会权利。

阿玛蒂亚·森曾经论证，能力的概念比权利的概念更广泛，因为能力可以包括程序事务（一个人是否能够参与某一种过程），然而权利总是有关实体机会的事务（一个人实际上可以拥有什么）。在我看来，如果检视世界主要宪法传统中权利语言的运用，这一区分就不可能站得住脚。基本权利经常是程序性的，例如美国宪法（以及大多数现代宪法中的同类条款）所保护的"法律的正当程序"和"法律的平等保护"权利。这些都是根本性的权利，但它们是获得公正程序的权利。能力概念之所以要比权利（人权）概念更广泛，乃是基于一种不同的理由：有一些能力是微不足道的，有一些能力甚至是恶性的。我所列举的核心能力被认定为是好的并且意义重大，它基本上对应着标准版本的人权目录。

经过这些纠正，能力理论就可以吸纳权利的语言以及国际人权运动的主要结论，也包括许多国际人权文件的内容。权利的语言仍是相关的，也非常重要。它所强调的是一种植根于基本正义理念中的根本权益理论。能力理论提醒我们，人们拥有正当和紧要的权利主张，要求得到某些类型的对待，无论其周围世界在此问题上做了些什么。即便是在追求最大的总体或平均 GDP，或者最大的总体或平均效用的过程中，我们也不可侵犯这些主张。

第四章　根本权益

自由及其内容

能力理论最初并且仍然最常见的用途，就是要提供一种新的叙述，展示如何正确地对发展成就加以比较并进行排序。很多时候，各个国家或地区在全球发展"市场"内相互竞逐排名，尽力证明本国提供的生活质量要高于其他国家或者本国的原有水平，能力理论在这时就提供了一种如何正确进行此类比较的新叙述：我们必须关注一组核心的人类能力，而不能只看重 GNP。从理论上讲，任何一种能力都可以作为一种比较的标准，但是在编撰《人类发展报告》的过程中，健康和教育受到了格外的关注。

能力理论的一种相关用途，就是为**平等**问题提供了一种有关比较空间的新叙述。至少在生活的某些领域内，平等通常被视为一种重要的政治价值。因此我们不禁要问："哪些领域内的平等？"（equality of what?）阿玛蒂亚·森曾与福利论（满足）和资源论（收入和财富）的对手进行过辩论，他在这些辩论中指出，能力提供了一种更具吸引力的比较基准。他据以驳斥不同观点的论证，正是那些在发展辩论中建议能力作为正确比较项的论证。

阿玛蒂亚·森通常关注能力在比较意义上的运用。但与此同时，在森对真实社会进行评估时，他会甄选出某些更重要的能力：健康，教育，政治参与，禁止基于种族、宗教和性别的歧视。显然，森有志于运用能力来定义一种基本正义的观念。虽然森在这里并未提出一种正式或列举式的能力叙述，他仍为其叙述将向何处去留下了许多线索。

相比之下，阿玛蒂亚·森的论述有时好像指向所有能力都是自由的有价值的分区，而社会的总体任务是实现自由的最大化。森曾提到一种"自由的视角"——好像自由是一种普遍的、全能的社会利益，而有益的能力只不过是自由的实例而已。我自己的理论并未走上这一道路。它致力于发现自由的内容，以十种核心能力的目录作为根本政治权益和宪法理念的基础。

假如这一理论想要讨论**正义**问题，那么选择的任务就至为关键。站在瓦莎蒂生活的视角，有些能力具有核心意义，例如，一个人言论表达、学习、政治参与、保护身体免受侵害的自由。相比之下，人们有时大做文章的一些能力看起来就是微不足道的，如不戴头盔骑摩托车的自由，不系安全带的自由。还有一些能力多为有权势者所觊觎，而如果这些能力使有权势者能够向他人施以暴行，则它们可能成为恶性能力。很多男性憎恨那些禁止家庭暴力和性骚扰的法律，宣称此类法律干预了他们的自由。在关注正义问题时，能力理论不必理会诸如此类的抱怨。在我的理论中，能力的概念被用作一种最低限的社会正义和宪法叙述的核心。因此，它需要为一份具体的核心能力目录进行辩护。在此过程中，我阐述了一些政治原则，它们可以用作建构一套根本宪法权益的基础，而我所支持的理论也因此与法律和民族建构紧密联系在一起。

但是，为什么我们不去接受阿玛蒂亚·森的方案：把自由理解为一种总体性的价值，而把选择本国宪法结构所欲保护的具体能力的任务留给每一个国家？这种方法难道不是更尊重民众的民主选择吗？我当然同意，我们不应该从外部对民主国家强加任何东西——我的提议的目标在于说服，而有关实施的议题可以另当别论。这里的问题必定是，我们为什么应当致力于证成一组在国际舞台上的普遍能力，论证它们对所有国家均有意义？为什么不去简单地高歌一般性的自由理念呢？

首先，我们并不清楚，推进自由是否为一种一体的政治工程。此自由可能限制彼自由。富人为选举捐献巨额政治献金的自由可能会限制选举权的平等价值。工业排放污染物的自由则会损害公民享有清洁环境的自由。显而易见，这些自由并不在阿玛蒂亚·森所考查的范围之列，但是森从未提到如何去限定自由的叙述或者去排除此类冲突。事实上，我们可以继续向前推进，自由的理念本身即包

72 含着限制的理念：因为只有禁止他人的干预，P 这个人才有可能自由地从事行为 A。

再者，即便存在一种一体化的工程，所有自由都被视为可欲的社会目标，我们也根本无法确定，那些认同能力理论的政治和伦理目标的人士就应当认可这种工程。前文所给出的例子显示，任何政治工程如要保护穷人的某些基本自由的平等价值，并改进他们的生存条件，就必须直接指出，哪些自由就政治目标而言是核心的，而哪些自由显然并非如此。有些自由涉及基本的社会权益，而另一些则不然。有些自由位居一种政治正义观的中心，另一些则不然。而在那些并非位居核心的自由之中，有些自由只是不那么重要，而另一些则是恶性自由。

如果不限制男性的自由，性别正义就无法成功实现。例如，无论妻子同意与否都与其发生性行为的"权利"，在大多数社会都被认定为男人珍视的"特权"，因此许多男性强烈反对那些禁止婚内强奸的法律，认为它们是对自由的限缩——这正可以解释，为什么约半数的美国州至今仍未将婚姻内的非自愿性行为认定为真正的强奸，为什么世界上的许多社会仍未制定禁止婚内强奸的法律。在工作场所骚扰妇女的自由也是全世界男性所珍视的一项特权：每当规制性骚扰的条例得以通过，人们总能听到援引自由理念的抗议声。"女权纳粹"此类字眼被用来指称女权主义者侵犯自由，因为她们支持这些政策。当然，从一定意义上说，女权主义者确实是在主张对自由的限制，这是因为某些自由不仅破坏平等，也限制了妇女的自由和机会。

　　简言之，一个社会如要追求平等，即便是一种充裕的最低限正 *73*
义，它就不可避免地要对自由进行多方面的限制，该社会应该陈述
如下：这些自由并非良性自由，它们不属于社会正义理念所要求的
那组核心权益，事实上，它们以多种方式颠覆了这些核心权益。关
于其他自由，比如不戴头盔骑摩托车的自由，社会可以认为，这些
自由并不是特别重要，它们谈不上也无所谓良性和恶性。它们并不
是隐含在我们的社会正义理论之中的，当然也不应该出现在宪法基
本权利的目录之内。

　　如果可以确定，只有社会向民众提供了人性尊严所要求的生活
前提，这个社会才可以说实现了最低限度的公正，那么政治主体就
有责任指出这种生活到底要求什么。如果他们要去兑现这种生活，
他们首先必须知道这种生活是什么。由此看来，我们务必要将那些
真正根本的事项（言论自由、身体健全的保护）与那些并非根本，
甚至有害的事项区别开来。立法者、法院以及行政机构只有知道一
种理念是什么，才可能将该理念加以落实。成文宪法是一种方便的
方法，一方面明文写入此类根本权益，另一方面又可保护它们免于
多数人的恣意改变。另一些国家则通过不成文的方式处理根本权
利。然而，假如焦躁的多数群体可以在很短时间内废止这些权
利——正如在英迪拉·甘地（Indira Gandhi）于 1975 年宣布的紧
急状态期间，言论自由和结社自由被投票否决——人性尊严就岌岌
可危了，而该国就必须找到一种更好的方法来实现**能力安全**。根本
权益应得到某一类型的绝对多数保护——无论是否写入成文宪
法——这看起来是能力安全所必需的。

74   换言之，如要追求一种合理的公正政治观，社会必须对人类自由进行评估并判断，哪些自由是最重要的，哪些自由则无关紧要；哪些自由是良性的，哪些自由则是恶性的；哪些自由应得到特别的保护，哪些自由则不然。这种评估还会影响到我们如何去评价一种自由被限制甚至被剥夺的事实。有一些自由被认为是公民基于正义所享有的权益。如果此类自由受到限制或剥夺，这就是一种尤其严重的政治体制失败。在此类情形中，人们感到，自由的剥夺并不只是一种应当承担的成本，而是一种对基本正义构成侵犯的独特成本。当核心目录以外的自由受到限制时，这可能只是某一位或者某一些公民要承担的一种或大或小的成本，但是它并不涉及前文提及的那种成本，那种在一个正义社会内任何公民都不应被要求承担的成本。宗教自由的剥夺就是一种涉及基本权益问题的成本；但如果限制不戴头盔骑摩托车的自由，就不会引发这样的根本性问题，尽管很多人仍将其看成一种成本。

      阿玛蒂亚·森援引民主审议的重要性，以论证他在处理能力理念时的开放方法。我的理论同样看重民主审议的重要性，有时是在实施的领域内（除非是在最特殊和最紧急的情形下，否则任何一国不得向他国施加其任何意志），有时是在能力的具体表述领域内（每个国家都以自己的方式表述每一种能力，我的方法承认这种表述在一定限度内的正当性）。但是我的理论方法还认识到，在一个正常运转的民主体制中，审议可以发生在多种不同的层次上，发生在许多不同的语境下。例如，如果公民正在起草一部新宪法，他们可以就自己希望国家承担的基本政治原则进行审议。一旦制宪完

成，他们通常将某些权益写入成文宪法，保障它们免受一种简单多
数的恣意改动。当此类奠基文件模糊不清或者立法看起来有违宪法
时，法院通常会对核心权益的适当解释加以审议。（司法审查是民
主审议的一种关键类型，这已得到几乎所有现代民主国家的承认。）
公民还可以就宪法修正案进行审议，而此处的审议有别于最初的起
草，因为它预设了一个既定的框架结构和一些基础性的原则，必须
以它们为基础进行修补工作。而且公民还可以就立法进行审议——
如果一部法令违反了宪法性保障，它就要受到法院的干预。

　　能力目录在任何一个层次的审议过程中都可以发挥其功用。它
在宪法制定阶段可以被用作一种政治原则的根源，或者是在此之后
作为宪法解释的根源。它可以被用于阐释法院对根本权益的解释，
当然不可突破由宪法文本和先例所设定的限制。它可以推动修宪的
过程：正是因为印度法院在判决中承认教育与人性尊严的关系，才
推动印度新的宪法修正案写入保护一种初级和中级教育的普遍权
利。最后，它还可以成为立法在实施一种权益时的根源。审议运作
于所有这些领域。能力理论要求基本权益必须得到保障，免于多数
人一时偏好的恣意变动，这是本理论限定审议的唯一方式。为了保
护能力安全，修宪的过程应当是费时又费力的。但是几乎所有的现
代民主国家都走上了这一道路。

　　此处还有另一种不同的理由，以说明为何一种正义理论应该在
实体内容上站定其立场。这一理由根源于一种政治自由主义的信
念。如果我们确信，一种体面社会的政治原则应当尊重不同的、多
元的整全性学说，应当追求成为它们之间的一种交叠共识（over-

lapping consensus）的对象，那么我们所提出的原则就不应该将能力理念用作一种有关生活价值或品质的整全性理论。对总体生活品质的理论化工作应该留给每一种整全性学说，动用它可用的任何术语和概念。我们在此可以合理地要求公民承认一种相对较短和限定性的根本权益目录的政治意义，它表现为能力目录的形式，可以附属于公民各自的整全性学说。从这一视角来看，阿玛蒂亚·森的方法——经常将能力用作一种整全性的生活价值指数——看起来规定得太多了（而前文的论证则认为它规定得太少了）。

在思考作为一种规范性政治理论的能力理论之前，我们至少必须提到"完美理论"的问题。在阿玛蒂亚·森的正义理论新著中，他批判了迄今为止全部的正义理论工程，认为它们都设定了难以企及的理想化目标。阿玛蒂亚·森认为，完美理论（罗尔斯是他特别的靶子）让我们无法充分思考在现实情形内我们所面临的选择：我们应该选择那种在替代性方案之间进行比较式排序的理论，而不是那些设定完美基准的理论。

我在这里无法评价森对罗尔斯以及一般意义上的完美理论的批判。而且，森的批判在多大程度上适用于在我的规范性能力理论中发展出的完美理论，这也是一个难以确定的问题，我的理论版本认为最低限的能力构成一种社会正义的必要条件。如果完美论就意味着乌托邦或不食人间烟火，那么我的方法不是完美论的，但是（我相信）罗尔斯的理论也并非此种意义上的完美论。这一问题必须留待进一步的讨论。

政治的证成

　　能力理论——包括比较性的版本和规范性的版本——将道德哲 77
学引入发展经济学，这本身已是进步。阿玛蒂亚·森和我都认为，
只要发展的实践者可以驻足思考有关伦理规范和正义标准的难题，
事态就会比过去发展得更好。即便他们最终并未选择能力理论，他
们还是会检视伦理规范，而不是预设它们是无关紧要的。在《妇女
与人类发展》(*Women and Human Development*) 和《正义的前沿》
(*Frontiers of Justice*) 中，我所发展的规范性能力理论甚至要求更
具批判性的思考，因为它要求人们考虑，什么构成了一个最低限度
的公正社会。如果基线是不关注伦理的决策制定（而这经常就是事
实），那么这一问题的提出已然是一种进步。

　　但是能力理论的方法并没有止步于此，它还发展出了具体的论
证，以批判道德哲学中所知的最常见的社会正义理论。根据我的理
解，此种对抗就构成了对一个规范性道德/政治观念的证成过程。

　　我对政治证成的总体叙述，根源于约翰·罗尔斯所叙述的伦理
学内的证成方法（而这又可进一步追溯至苏格拉底和亚里士多德的
证成过程）。如同罗尔斯的方法，我的证成运用"反思性均衡"
(reflective equilibrium) 作为审查过程的目标。与罗尔斯一样，我
把这一过程视为一种苏格拉底式的努力，在社会正义的领域中梳理
一个人自己的道德判断的结构。同样与罗尔斯一样，我认为这一过

程是要在政治内承担起一种多重人格：证成不可能来自个人的自说自话，而是要经过苏格拉底式的审议和辩论。

在此过程中，个人所要做的就是提出他们有关正义的最确定的伦理判断（罗尔斯所举的例子是"奴隶制是错误的"），接下来用一系列的理论观点对抗自己的判断。目标是要在伦理判断和理论原则之间找到一种稳定的契合。没有什么是一成不变的：一种最初颇具说服力的判断可能会被修正，因为它并不符合一种具有许多其他优势的理论所给出的判断；一种最初颇具吸引力的理论也可能遭到否决，因为它未能确保最基本的判断。均衡可能永远无法最终实现，因为新理论还会层出不穷，等待考察。但是，随着时间的流逝，我们有望深化并完善对正义的总体性理解，即便这种理解仍是不完整的。

第一步，理论观点的支持者应当概述那些产生该理论的论证，展示该理论确实符合一些非常强有力的伦理直觉和判断，从而初步证成这一理论观念。在这一阶段，我的做法是主张十种能力都是一种人性尊严所要求的生活的重要组成部分。与罗尔斯一样，我认为我的论证在本质上是苏格拉底式的：我呼吁对话者可以思考下述问题，即人性尊严的理念及其所要求的生活应当包含什么。我希望对话者可以考虑到，人们所被要求的某些生活方式并不是充分人性的，也就是说不符合人类尊严的要求。我相信，这一直觉性的起点提供了虽然高度一般性但是确定的引导。马克思生动描述了只是延续生活，却远非充裕人生的劳动诸形式，引起全世界范围内的共鸣。在全世界的宪法理论中，人性尊严所要求的生活都是最具基石

意义的理念之一。因此，我的论证采用了一种非常一般并且直觉的
方式，贯穿公共政策统治之下的不同生活领域。我认为，人要有尊
严地生活，必定要求对这十种基本权益的保护。

与罗尔斯一样，我希望证明能力理论为多元社会内的政治原则
提供了一种坚实基础，因为随着时间的流逝，它可以变成持主要的
宗教和世俗观（主要宗教以及主要的世俗伦理观，比如康德主义或
实用主义的观念）的人士形成一种"交叠共识"的基础。因此，这
一理论方法就是"政治自由主义"的一种形式，它不会要求公民去
拥护一种建基于特定的宗教或形而上学的政治学说，这显示出对公
民的尊重。当然，交叠共识并不是一种当下的现实（罗尔斯也并未
要求这一点）。我们只需展示，随着时间的过去，有理由去想象交
叠共识可能变成一种现实。而对于为动物权益辩护的那类观点，想
象这一转变是尤其困难的。但是在我看来，即便是对于这一问题，
交叠共识也最终是合理的。

但这一论证只不过是一个序曲，读者此时可能会认为，还有很
多其他理论也具有此类优势。紧接着，能力理论就要开始对抗来自
理论传统的主要对手，设法证明它们至少在某些方面比不上能力理
论。能力理论较之于知情—欲望效用主义和经典的社会契约论，至
少具有一些优势。但是，它同时又在相当程度上符合这些方法传统
中的最佳理论。

在更仔细地检视这两种理论传统前，我们应当多说一点，关于
穷人的真实努力和奋斗的经验材料在能力理论中起到何种作用。例
如，如何理解瓦莎蒂的故事？我在这里主要以一种解说性的方式来

讲述她的故事，这是为了阐明能力理论相较于在发展世界内所知的其他理论可以提供些什么。我还曾提到，其他条件保持不变，能力理论所提出的是瓦莎蒂这样的真实人物提出并回答的问题，这看起来是一种优势，如此这般的理论不应该被批判为一种纯粹的西方建构。

但是，能力理论的论证当然不可能只是依靠故事和例子——它们运用了抽象的理念（人性尊严的理念、能力的理念）和抽象的哲学论证，它们证成了那些瓦莎蒂不可能要求的能力，例如，新闻自由就可以因其对民主国家内的穷人的意义而得到辩护，即便穷人自己可能不太谈论新闻自由或认为他们需要这种自由。

在更一般的意义上，能力理论虽然认真对待偏好，但并非建立在主观偏好的基础上。它强烈反对在发展经济学和哲学中以偏好为基础的理论方法。在它看来，偏好作为一种政治目标经常是不可靠的。在政治证成中，只有得到最充分修正的知情—欲望路径才能发挥一种辅助性的作用。显然，瓦莎蒂以及诸如此类的故事甚至无法提供一种对人类偏好的全景式叙述——这种叙述必定来自其他的经验材料。它们无法提供一种证成，因为没有主观性的材料可以提供证成。那么，此类故事究竟有什么作用呢？

对我而言，故事所起的作用主要是教育性的：如果不是目睹了瓦莎蒂这样的妇女所工作和奋斗的种种条件，我很可能会遗漏重要的问题，或者忽略了它们相互之间的联系。读者可能也处于类似的情形。例如，教育可以让妇女退出一段不幸的婚姻，从而与保护身体健全的能力联系在一起，这对处于另一种完全不同的社会中的学者可能就不那么明显。有些读者，如果没有叙事的帮助就很难想象如此不同的生活条件，这些翔实的例子对他们同样有教育作用。叙事可以帮助此类读者关注许多问题和议题，同时还可以培育读者的想象力，使他们承认那些通常为特权精英所遗忘的人们也有平等的人性。举例论证还可以准确展示两种立场是如何相互区别的，从而澄清理论上的论证。

知情—欲望福利主义

　　虽然我们已经看到，能力理论在许多方面有别于许多发展经济学家所用的简单效用主义，但如要证明它不同于并且优越于哲学里已知的更复杂的效用主义形式，特别是那些承认现存偏好经常受到扭曲，且为此提出多种纠正方案的理论，我们尚需进一步的论证。

　　此类理论通常会提出一个问题：假如人们具有充分和全面的信息——这是一种有效的矫正——他们的偏好将会是什么。我们可以合理地将此类理论认定为基本上是"福利主义"的，这就是说，它们建基于人们关于其福利的偏好，只要我们可以说，"现在，我们已经发现了人们真实或真正的偏好：因为可以确定，人们在充分信息下所生成的偏好必定比错误信息下形成的偏好更为真实"。

　　但是，此类理论通常还会引入一系列其他的矫正方法，这些方法更难符合纯粹的福利主义。在《妇女与人类发展》这本书中，我曾仔细考察了三种在此方面最为复杂的理论，分别来自经济学家约　　*82*

翰·豪尔沙尼（John Harsanyi）、哲学家理查德·勃兰特（Richard Brandt）和琼·汉普顿（Jean Hampton），我在此基础上判定，如果不引入独立于民众偏好的道德理念，这些理论家就不可能得出在他们看来是公正的结果。所以说，他们的理论最终是混合性的，而不是纯粹形式的福利主义。

豪尔沙尼将一组特定类型的偏好认定为"施虐狂的或恶毒的"，即涉及从他人的痛苦或被压制中获得的愉悦。他并未质疑此类偏好可能是人们在内心深植的真实偏好，更多或更好的信息也不可能消除此类偏好。在此意义上，它们是人们的真实偏好，但是豪尔沙尼只是在理论叙述中屏蔽了此类偏好。他宣称，之所以这样做，是为了将效用主义对偏好的依赖性和康德的平等共同体理念、亚当·斯密的中立旁观者理念融合在一起。因此，他的理论只能说是局部的福利主义形式。

勃兰特并没有如此直接地背离福利主义，但是我们可以证明，虽然他声称他在筛选偏好时运用了一种价值无涉的方法，但是在决定何种偏好是"真实的"过程中，他事实上还是使用了一些有争议的价值，比如免于权威的独立以及自治。勃兰特不可能合理地主张，这些规范是全人类人性的一部分，因此他并没有证明，这些规范是每一个人在理想条件下都将产生的偏好。勃兰特以上述和其他多种方式在他的理论中吸收了独立的道德理念。

琼·汉普顿的理论考察了女性在虐待或不对等关系中的畸形偏好，她讨论了以偏好为基础的理论在上述情形中所遭遇的困难，同时提出了包括平等尊重和非胁迫的矫正方案：应予统计的偏好是那些如果人们生活在此类矫正情形下所将生成的偏好。这样看来，此类矫正手段已成为理论的核心，从社会正义的角度，汉普顿的结论因此比豪尔沙尼和勃兰特的更充分。但是汉普顿也已经承认，它们并不是内生自一种基于偏好的叙述。平等尊重并不是许多人的人格的一部分，不幸的是，欺凌他人的欲望可能源于内心深处。因此，通过引进上述限定条件，我们已经不只局限于发现人们在充分信息的条件下可产生的偏好。

为了得出在道德意义上可接受的结论，前述理论的作者都已经偏离了效用主义，都已经吸收了能力理论的一些关键道德元素：平等的人性尊严的理念，实践理性是一种非常重要的能力的理念，人们无权剥夺他人之根本权益的理念。

一旦我们吸收了这些独立的限定条件，前述矫正后的理论能否像能力理论那样让人满意呢？我并不这么认为。所有的效用主义理念——即使附加了一些独立的限定条件——仍然包含了对生活的异质性元素的加总，也包括了一种追求最优的社会总量或平均值的信念。就此而言，即便是更复杂的效用主义理论，也并未摆脱此前发展经济学中的效用主义所认定的困境。最后，这些理论都没有充分处理适应性偏好的问题。研究者可以通过增加信息来筛选偏好，或者直接丢弃那些具有施虐或恶意因素的偏好。但是埃尔斯特和阿玛蒂亚·森都已经论证，适应性问题是不可能得到纠正的，因为它涉及人们在一个社会内的整个养育系统。适应性的问题并不只是信息的欠缺。如果妇女已经认识到教育不会向女性开放，她们就不会因为有关教育价值和愉悦的新信息而轻易改变偏好。有些女性会做出改变，但是如果她们已经内化了女子无才便是德的观念，她们就不太会改变。与此同时，假设没有一种独立的社会正义理论（而这正是效用主义理论拒绝向我们提供的），我们就不可能认定哪些偏好表现着我们对一种不公正或错误等级现状的适应。因此，即便是矫正后的理论也依然存在许多严重问题。

效用主义有很多瑕疵，但是它有一个主要优点，这就是认真对待个人及其欲望，表现出对人们需求的尊重。有一些伦理观点，尤其是康德传统内的理论，草率地否定了欲望，将之视为人性中粗野和全然缺乏理智的部分。我反对这些观点，我认为欲望是人性中一个可加以理智阐释的面向，它有能力感知到有关善的信息，因此，知情欲望，作为最优秀的理论的关注点（这类理论具有已置入的独立的道德限定条件，诸如豪尔沙尼和汉普顿的理论），仍在政治证成中扮演着一些重要的角色。欲望可以帮助我们判定，我们所支持的观点是不是稳定，而证明一种观点具有稳定性，乃是证成其为一种可接受的政治观念的一部分。

社会契约论

最近，我还挑战了在社会契约传统（发端于 17 世纪的约翰·洛克 [John Locke]）内长期发展起来的正义理论。虽然罗尔斯的正义理论多年来提供了一种在许多领域内有关社会分配的重要理论叙述，但是它从洛克的经典社会契约理论那里借用了一些预设，在

85

罗尔斯看来，这些预设在四个领域内提出了理论上的难题。罗尔斯所认定的困难领域分别为：子孙后代的正义，跨越国界的正义，残疾人士的公正对待，以及人类对待动物时所涉及的道德议题（罗尔斯并不认为这里提出了正义议题，我们在这里有分歧）。罗尔斯运用他的"公正储蓄原则"相当成功地解决了第一道难题。（此类观点仍需被整合进能力理论中来。）在罗尔斯的最后一本书《万民法》（*The Law of Peoples*）中，他尝试着解决第二道难题，但是我认为他的努力并不是特别成功。在罗尔斯看来，最后两道难题是可能导致其理论"失败"的议题，它们暴露出罗尔斯理论中的严重缺陷，如果没有一种超出罗尔斯所允许范围的激进理论修正，最后两个问题不可能得到解决。后三个问题域就是我在《正义的前沿》中所认定的三种"边界"。如果我们要去研讨处于这些边界上的议题，我们必须思考一种可替代罗尔斯学说的理论，虽然不必去否定罗尔斯理论的洞见。

　　罗尔斯的理论有一种混杂的智识谱系。站在能力理论的角度看，罗尔斯理论的大多数难题都根源于以下事实，即它是经典社会契约理论的后继者。它还吸收了康德理论的伦理元素，比如每一个人都是目的而非手段的观念，而这些元素极大地丰富了罗尔斯的理论。但是最终，罗尔斯还是不愿为一种更纯粹的康德理论而放弃社会契约的结构，而且罗尔斯理论中的康德元素也并不是完全没有问题。在残疾人正义的问题上，康德主义的成分本身被证明是有问题的，因为康德将尊重建立在一种高度的道德理性基础上，所以不可能将充分的平等尊重赋予那些有严重认知障碍的人。但是现在，我 *86*

们仅仅讨论社会契约传统所导致的困难。

经典的社会契约理论起始于这一观察，即财富、阶级和声望的人为等级制度规定了所有现存的社会结构。因此，这一理论追问：假如我们可以剥夺人身上的所有人为因素，他们将会选择何种类型的社会？这一思维试验有其重大的价值，而罗尔斯著名的原初状态（original position）也是它的一个版本：处在有关自己阶级、财富、种族和性别的无知之幕下，理性的个人被要求为社会选择正义的原则。但是，在设计这一思维试验（其意在向我们展示，尽管人为因素将我们分开，制度如何可能尊重我们所平等共享的人性）的过程中，所有的契约理论，包括罗尔斯的理论，都预设了缔约参与者之间体力和智力的大致平等。而且正是这一大致平等的意识（即便最弱者也可以偷袭杀死最强者），让缔约各方相信，他们不可能有把握地主宰他人，因此，互惠的方法就是交出他们的一些自然资产并同意接受政治和法律的制约。契约理论主张，契约是要促进参与者的相互利益，正是利益而不是利他主义或对他人的爱，才将契约缔结者共同带到社会中来。（当然，契约理论并不是主张现实的人们缺乏仁慈心，这一理论发展的是一种虚拟的表述，它不是在书写历史或民族志。此处的关键是，为了展示契约如何启动，我们并不需要预设普遍的仁慈之心。）

契约理论为我们理解社会合作与社会正义提供了伟大的洞见。如果我们同意正义要求我们不偏不倚地对待他人，不因财富、阶级、性别或种族而偏袒一个人或一个团体，那么契约理论就为我们提供了巨大的帮助，让我们看到一个建立在不偏不倚的理念基础上的社会所应有的样子。罗尔斯的正义理论是现代西方政治哲学的伟大成就之一。事实上它很好地解决了它预备解决的那些问题。如要证明一种竞争理论在整个问题域内都超越了罗尔斯，这将是一件近乎不可能完成的任务，能力理论迄今为止尚未尝试这一工作。

但是，大致平等和互惠的预设意味着，在有些情形内，我们发现契约各方之间存在权力的极不对称，仅仅通过收入和财富的重新配置难以进行纠正，则契约论的方法就不能有效处理此类情形。也正是基于这一原因，原初状态理论忽略了那些具有严重身体缺陷和认知障碍的人士，而在良序社会的公民能力的定义中也未将他们包括进来。罗尔斯指出，这一类人的需求将在某一处得到处理，但在社会选择其最基本的原则和结构时并不予以考虑。实际上，他们将会受到支配，虽然这是一种善意的支配。下述事实也强化了这一难题，即在罗尔斯的理论内，康德式的人的概念建立在理性的（审慎的和道德的）基础上，所以根据这种理念，那些有严重认知残疾的人士是不能算作人的。罗尔斯显然是在主张，那些无法加入合意或契约的人是无权享有政治正义的。因此，对罗尔斯而言，整个的正义议题至少对许多残疾人士来说是悬而未决的。

至于人类以外的动物，罗尔斯并不认为我们和动物的关系涉及正义问题，这大概同样是因为动物缺乏理性能力。因此，罗尔斯认为我们对动物存在伦理义务，但没有政治义务。我的观点是，任何 88 一种伴随感知力的行动或努力的存在都提出了正义的问题，我们都可以恰当地将这种存在作为一种正义的政治理论的主题，无论它们是否有能力理解或者评价该理论。在有关正义的场域和对象的基本叙述上存在着区别，对我而言，非常直接的结论就是：几乎所有的动物（或许要排除那些仅具最低限度知觉、无法移动的动物，比如海绵动物）都是正义的对象，都有应得到法律和制度的尊重和支持的尊严（对应于其物种所特有的行动形式）。能力理论必须加以修正，才可处理对人类以外的动物的责任，但是这种修正是简单的，并不要求放弃该理论的任何本质要素。

能力理论并没有显示出它在所有领域内都超越了罗尔斯的社会契约理论——它的超越只在上述三个问题域内。如要证明能力理论是全面超越的，尚需要完成更多的工作。此外，我们尚且无法确定，罗尔斯正义理论的核心能否以如下的方式得以重新表述：一方面可以保留罗尔斯大多数的本质洞见，另一方面又可以回应我的批评。亨利·理查德森（Henry Richardson）已经提供了这样的一种重述——虽然理查德森亦承认，重述对罗尔斯理论的改变已经超越了罗尔斯本人可能认可的程度。

而且，正如《正义的前沿》这本书曾经指出的，康德的契约论还有其他类型，它们没有提出我在罗尔斯理论中认定有问题的预设，比如托马斯·斯坎伦（Thomas Scanlon）的伦理契约论。斯坎伦提出，我们可以这样去评估原则，即观察它们是否会被所涉的任何一方合理地否决。他并没有预设缔约方在体力和智力上是大致平等的，也未预设他们是追求互利的。斯坎伦的观点是伦理性的，而不是政治性的，而且他承认，如果要变成一种政治性的学说，它就需要一种有关政治物品的叙述。即便可以提供这样一种叙述（例如一种根据核心能力的叙述，这是一种斯坎伦表示同情的理论），它与我的能力理论仍存在结构性的区别，但是它所要运用的是相同的理念，因为在我的政治证成的论述中，我也运用了合理否决以及与此非常接近的概念。就此而言，经典形式的社会契约传统已经被否定，但是其核心理念，即一种公正的合意仍留存下来。正如我们可以寻求最好的知情—欲望理论和能力理论之间的交集，我们在这里也可以：既然此类契约论的方法给出了与我们的理论相近的结论，这在一定程度上也坚定了我们走在正确道路上的信心。

政治自由主义与交叠共识

一方面，能力理论在一些领域内挑战罗尔斯；但另一方面，能力理论还支持并且发展了罗尔斯政治正义理论的另一个重要面向：**政治自由主义**的理念。既然每一个社会都包含多元的有关人生意义和目标的宗教和世俗观，那么采纳一种选择其一同时反对其他的政治观，看起来就是一种轻率的策略：这样一种政治体制不太可能稳定，至少在自由条件下是如此。但是，这并不是此类政治学说所遇到的唯一甚或主要的反对意见。更深层的道德难题还在于，任何此类学说都没有充分尊重那些具有不同观念的公民。而当此类学说压制不同意见，或者设定条件只有正统人士才能出任公职时，它们就是最恶劣的。但是即使一种仁慈的宗教（或反宗教）建制也会制造出一个内团体和多个外团体，这就会威胁到平等。它规定所有的公民并不是在平等的基础上进入公共领域。宗教和形而上学的议题会

90

根据公民的整全性学说（指一个人在有关宗教或世俗的人生价值和意义上的整体取向）将他们加以分隔，而平等尊重看起来要求政府尽可能回避在这些议题上表明立场。

当然，一种政治观必须表明一种道德立场，将政治原则建立在一些明确的价值之上，诸如不偏不倚以及对人性尊严的平等尊重。但是，此类价值现在是，或者未来可以变成公民所合理相信的各种整全性学说的一部分。如果我们可以通过一种精心设计的"薄"方式去表述这些价值，不必深入有争议的形而上的理念（比如灵魂不朽的理念）、认识论的观点（比如不证自明的真理的理念）或者更厚实的伦理学说（比如康德主义或亚里士多德主义），它们就很有可能得到信仰不同的宗教或世俗立场的公民的认可。在这里要对公民提出要求，即他们**只是为了政治目标**才认同能力理论的基本理念，而不是将其作为一种整全性的人生指南，在他们看来，这些基本理念仅作用于一种独特的领域，这就是政治的领域。认同在这里所指的并不仅是一个人不情愿地做出让步，承认我们必须根据这些理念来过生活；认同所指的是一个人确实持有这些理念——表现为她对于如何生活的总体认识的**一部分**。（罗尔斯运用了"模块"这一形象，它可以与一个人的整全性学说的其他部分联系在一起。）

罗尔斯和我都不认为，关于基本政治原则（对于罗尔斯而言就是他的正义原则，而对于我而言就是能力理论）的此类"交叠共识"必须已存在于社会之内。我们所需的仅仅是一条通向该认同的合理道路，就此而言，我们可以合理地设定，社会可以经由一种历时性的过程达成这种共识。交叠共识也不必定压制那些想法不同的人士。任何一个社会都会有一部分人，他们不能接受主宰该社会的政治学说的某些方面——例如，有些人反对赋予妇女以平等的选举权，有些人支持种族隔离。此类人士可以在社会内继续生活，可以自由地表达他们的思想，只要他们不去侵犯别人的权利，或者导致暴力失序的即刻危险。如果这部分人的数量非常多，则他们的存在将威胁到政治体制以及宪法的稳定性。但是罗尔斯和我都深信，现代社会中大多数主要的整全性学说最终都会支持我们所认同的政治原则。

如果我们在政治观中加入一种对动物权益的强势辩护，共识的达成将会成为一项长期的工程。但是即便如此，我仍相信，现代社会也会形成一种有关动物体面生存条件的底线共识。

在宗教以及政教关系的领域内，交叠共识和平等尊重的理念有着特别的重要意义。宗教自由在能力目录上有着显要的地位，但该目录并未具体说明，对宗教的何种类型的保护才符合人类尊严之平等尊重的基本理念。这一问题并非三言两语就可以说明的，我在《良心自由》（*Liberty of Conscience*）中尝试对该问题进行了阐释。我相信，人类尊严的平等尊重要求对宗教活动自由的充分保护，包括美国法律上所谓的"调和"（accommodations）的空间。也就是说，如果一般性的法律压制了少数群体的良知，则对该群体豁免法律的适用，例如有关工作日、药物使用以及强制兵役的法律的豁免适用。我还主张，即便是一种良性的、非强制的宗教，任何形式的宗教建制化都使平等尊重的理念变得困难，如果不是不可能的话。任何一种建制性的宗教（或者政府强制推动的世俗主义）都声称非本教徒者是局外人，以其所支持的学说将他们妖魔化。

　　追求宗教能力的平等尊严是一种需要谨慎处理的事件，它要求对许多语境性和历史性因素具有敏锐的感知，这些因素塑造了政府选择的社会意义。研究不同国家是如何追求这一普遍性的目标的，有助于我们理解什么才是通过法律（亦即通过立法和司法行为的组合）实现能力。在原则上，这一类型的研究应该根据国家和能力种类分门别类地进行，并且关于能力的研究最终不应是相互割裂的，而必须回到能力与能力之间所形成的关系网络。（这当然是因为能力并不是相互隔离的单位，它们是一组机会，既相互塑造，最终又必须作为一个总体得到实现。）因此，《良心自由》这本书只是一个庞大研究项目的第一步。我们的研究越有进展，我们就越确定地认为，能力理论最终将成为多元主义社会内的一种交叠共识的对象。

　　在《妇女与人类发展》和《正义的前沿》中，我将能力理论呈现为一种政治自由主义的形式，它并不是任何形式的整全性学说。就此而言，能力理论如果被理解为一种**世界主义**（cosmopolitanism），就是一种严重误读我的政治观的错误。虽然能力理论包括了一种对国内正义和全球正义的叙述，解读者也不应将我的理论认定为一种作为整全性伦理理论的世界主义，后者通常指一个人应当首先对全人类忠诚，而不是对自己的国家、地区、宗教或家庭忠诚。世界主义者很可能会接受我所提出的大部分内容，但是反过来说，一个人不需要成为世界主义者也能接受能力理论，即全体公民（首先是在一国之内，接下来是在所有国家）都应获得最低限度的十种能力。在我看来，大多数主要的整全性学说（宗教的或者世俗的）

都能接受上述理念，但是没有几个整全性学说可以接受一种整全性的世界主义。在此仅举一例，罗马天主教的社会学说与能力理论的国内和全球要求有着高度的契合，但是正统的罗马天主教徒绝不可能成为一位世界主义者，因为世界主义主张我的**首要**义务是对全人类，而不是对上帝或我的宗教尽责。至于我个人的整全性伦理学说是否是世界主义的，这是一个单独的问题（如要给出答案，则是我个人的整全性学说不是世界主义的，但是却非常接近）。这里应加以强调的要点在于，能力理论只是一种政治学说，它渴望成为一种交叠共识的对象。如此说来，能力理论不应该提出任何整全性的伦理学说或以此种学说为立论基础。如果将能力理论称为一种世界主义，这无异于是说能力理论没有尊重所有现代国家都包含的宗教和世俗学说的多元性。但是，尊重这种多元性却正是我的理论方法的一个核心目标。

结果主义和道义论

　　通常而言，伦理学和政治学内的哲学路径可分为两个组别（这种区分有时有过于简化之嫌）。根据结果主义的方法，我们在评估一种选择的良善性时，所提出的问题是该选择是否以及在多大程度上实现了最好结果的最大化（接下来，该方法将提供一种何为好结果的叙述）。换言之，结果主义者的出发点是基于一种什么是善的观念，并且根据这一观念来界定正确的选择。道义主义者的论述则 *94*

起始于一种有关义务或正当行为的观念，只有在正当的限制之内才允许对善的追求。因此，康德允许道德主体追求幸福——但是要受到建基在尊重和公正之上的德性的制约。

这一区分是相当粗糙的。道义论的观念可以把一种积极价值归结为对善的追求，而康德的理论也确实是这么做的。与此同时，正如阿玛蒂亚·森的论证，在他们有关良善结果的叙述中，结果主义者可以吸收某些通常被理解为道义主义的元素，诸如权利应得到保护。结果主义甚至不需要在权利和善的其他元素之间进行平衡，而是认定权利本身即是命令性的：因为有关善的叙述可以是一种分层的叙述，具有优先性的次序（虽然这并不是森所倡导的那种叙述）。

能力理论与道义论有着紧密的关联。在此方面最重要的历史先行者之一就是康德，它认为对社会福利的追求永远不应侵犯人的基本权益。事实上，能力理论同意康德主义的看法，认定效用主义没有赋予人之个体及其尊严的理念以应有的意义。自《妇女与人类发展》出版后，我就将以**每一个人为目的的原则**视为能力理论的核心，这是康德义务论的一种版本：人性的尊重乃是一种目的，永远不要将它当作一种单纯的手段。

能力理论与道义论的另一相似处在于其对政治自由主义的信仰。结果主义通常表现为一种整全性的学说：无论在哪里，也无论关于何种主题，正确的选择就是那种将好结果最大化的选择，而何为好结果则要参见相关理论的定义。结果主义者通常并不区分生活的政治领域和生活的其他领域，而且他们也并没有将自己的建议限定在政治领域内。结果主义者认为，他们的选择方法是放之四海而

皆准的。因此，站在政治自由主义的立场看，结果主义向公民提出
的要求是不合理的。许多虔诚的信教公民可能真心诚意地支持一种
建基于十种能力的社会，却不会同意正确的选择永远是将好结果最
大化的选择。他们的宗教可能提供了一种关于正确选择的不同叙
述。因此，如果结果主义（如其通常那样）被表述为一种有关正确
和良善的整全性观念，它就不可能为任何形式的政治自由主义的政
治原则提供基础，无论这些原则来自能力理论还是其他理论。

　　但是以另一种方式，我们还可以将能力理论视为结果主义的远
亲，甚至是一种政治的、非福利主义的结果主义形式。能力理论宣
称，从正义的视角来看，判断一种既定的政治情形是否充分，正确
的方式应当是去观察**结果**：公民的基本权益能否以一种安全的方式
得到满足？因此，能力理论可以被称为**一种结果导向的观念**（out-
come-oriented view），它的对立面就是经常由道义主义者所选择的
程序主义观念（proceduralist view）。罗尔斯曾提供了下述阐释性
案例。假定我们正在分一个苹果派，并且我们追求公正的分配。思
考公正的一种方式是去看分配的结果：公正的分配就是为我们提供
平等份额的过程。另一种思考公正的方式是去看过程：公正的分配
就是每一个人轮流拿起餐刀的程序。罗尔斯将他的理论视为后一种
类型的分配，而能力理论则是前一种类型的例子。当我们考察一个
社会并且提出问题，"这个社会是否有最低限度的公正"时，我们
考察的是能力是否得到保障。当然，有一些能力涉及公正程序的理
念（刑法中有公正审判的权利，在其他领域内有各种形式的正当程
序权利）。但这时它们已变为好结果内在的一部分，以此来评估社

会的运转。

这样一种结果导向的正义标准并没有让能力理论成为一种结果主义，因为它只是一种关于具体政治权益的**不完全**叙述，而不是一种关于社会善的整全性观念。尽管如此，我们还是有一种真实的兴趣，要去发现人们实际上可以做到怎样，在此意义上，我们可以将能力理论合理地归类为关注社会福利之进步的路径——当然，福利被理解为能力，而非偏好的满足。

政治情感和稳定性问题

所有的政治理论，尤其是那些对民众提出多种要求的理论，都必须展示它们可以在长时段内保持稳定，而且这里的稳定不只是出于不情愿的顺从，而是要求在充分知情的基础上对该理论之关键元素表示认同，同时还要有支持该理论的稳定动机。能力理论并不是建立在下述理念之上，即社会契约是为了全体缔约方的互惠互利，而经典的社会契约理论正是运用这一理念，成功地解释了为何其原则可以被预期为稳定的。通过这一方式来设计契约的一个优势就在于，一种理论并不需要依靠普遍的利他主义。相比之下，我的理论确实要建立在利他主义基础上，因此我必须用大量篇幅来讲述，利他主义的动机如何出现，为何出现，它们所必须应对的其他动机，以及我们如何以一种社会所允许的方式来培育有益的情感。印度的建国者甘地和尼赫鲁对政治家们如何建立一种以利他主义和救苦救难为核心的公共文化进行了长期卓有成效的探索。他们一度成功。但这种共识在今天正趋于崩溃，一种有关体面社会内的公民情感的叙述在当下是迫切需要的。

这一任务要求我们去思考家庭，思考社会规范，思考学校，思考政治制度创造激励的方式；它还要求对情感进行概念性的思考，情感如何产生，又如何展开，情感的结构为何，以及各种情感之间如何相互作用。

实施问题

能力理论描绘出一整套有抱负的目标，但是它如何阐释实现这些目标的路径？能力理论当然会坚持认为，目录上所列出的全部能力都是重要的，牺牲一种能力去实现他种能力并不是一种成就充分正义的方法。而且我们在本书最后一章还会看到，能力理论还就宪法设计和制度结构给出了一些建议，虽然在这一领域内还需要学者做更多的工作。显然，核心能力的一个主要实施途径就是一个国家有关根本权利的宪法裁决体制。最后，这一理论还在告诫政策制定者，在能力目录所认定的核心领域内，应当赋予人民以选择的权利，而不是将他们强行纳入一种特定的运作模式。这种对选择的强调必定塑造着政策制定者应该考虑的实施策略。

在一定程度上，关于实施的进一步建议应当取决于具体语境。带领民众跨越核心能力的底线的方法很可能是无用的，除非它们根98

源于一种关于民众选择的文化、政治和历史语境的详细知识。（这就解释了《妇女与人类发展》为什么只关注印度的特定区域，而没有提供一种全世界妇女需要什么的叙述，虽然我的个案研究也确实给出了一些有关更一般问题的结论。）但是如果回到瓦莎蒂的故事，我们可以看到，这一方法所提供的引导走得更为深远。我们不能将能力视为相互孤立的原子，而是一组彼此互动和渗透的机会。因此正如沃尔夫和德夏利特所强调的，我们应当去认定孵化性运作（确切地说是孵化性能力）：那些可以制造其他机会的机会。在一定程度上，孵化性能力本身也是取决于具体语境的，但是我们有理由认定，教育在所有国家都是一种孵化性能力，它不仅提供了走向工作选择和政治表达的渠道，而且能够提供在家庭内部更强的谈判能力，因此有了自己站起来的力量。在我遇到瓦莎蒂的时候，她才刚开始接受教育，但是，父母未能为她提供教育的失败长期以来都在制约着她，而妇女自就业联合会的教育项目向许多瓦莎蒂这样的妇女提供了此前未有的选择——这些项目所关注的不只是技术技巧，而且还有批判性思考以及有情有理地理解一个人的历史和政治境况之本质的能力。这也不仅是发展中国家的民众救济处方，富裕国家同样经常未能教育它们的穷人和边缘公民，因此集中于教育的干预在这些国家同样可以有收获。（想一下萨菲尔［Sapphire］的小说《推》［Push］，近来被成功改编为好评如潮的电影《珍爱》［Precious］：它展示了一位女性是如何机智应对一种充斥着恐怖暴力和剥夺的生活的，事实上也表明该女性将她自己理解为一个有尊严和价值的个体，因此应当得到正义。）

在瓦莎蒂的案例中，另一种孵化性能力是所有权：贷款所提供的独立。信贷和土地所有权可以作为其他能力的根源，因此有着极重要的意义，诸如工作机会、保护个人身体健全免于家庭暴力的能力，以及瓦莎蒂在获得妇女自就业联合会的贷款后所开始享有的那种信心与自尊。

最后，在沃尔夫和德夏利特所研究的团体中（我们应该记住，他们都生活在富裕的发达国家），以及在瓦莎蒂的案例中，归属关系也是一种孵化性能力：与他人保持关联（对瓦莎蒂而言，就是妇女自就业联合会中的妇女们），他们会尊重自己、平等对待自己，同时也愿意照顾自己、与自己分享共同的事业。

一方面，政治家有理由将稀缺资源投放至最具孵化性的能力上，期待它们带动其他领域的进步；另一方面，政治家同样有理由集中资源以消除沃尔夫和德夏利特所说的**腐蚀性劣势**，这种类型的能力失败将导致其他领域的失败。虽然从概念上看，腐蚀性劣势和孵化性能力是一枚硬币的两面，但我们却不能总是基于孵化性能力的反面理解它。例如，种族歧视和侮辱就是腐蚀性劣势的一种根源，但我们不可能仅仅通过研究归属的能力来发现它，虽然它在一些方面确实是归属能力的一种失败。同样，沃尔夫和德夏利特发现，缺乏以当地语言进行交流的能力也是腐蚀性的，但是如果我们只是将教育视为一种一般意义上的孵化性能力，我们就可能无法预料到这一点。因此，每一个社会都有理由找出那些看起来尤其有破坏性的劣势类型，并运用稀缺资源将它们作为头等大事来处理。社 *100* 会中经常会有与边缘化、妖魔化和其他形式的团体剥夺联系在一起的失败，即便计划中的目标总是每一个人的充分赋权，这还是让社会有理由去采取以团体为基础的救济手段。

第五章　文化多元性

　　核心人类能力的目录只有一个，尽管这是一个非常一般性的目录，它可以通过许多不同的方式加以进一步的具体化。即便是在用作一种比较性的指标之时，人类发展的范式也是将同一的标准应用于所有的国家，根据不同国家向民众提供一系列重要人类能力的能力，对各国进行排序。但是我们生活在一个高度多元化的世界内，将单一的一组规范应用于全世界各民族，这难道不是独裁或愚钝吗？难道这种行动的方式不带有帝国主义的味道吗？这一重要的问题是我们有关能力理论的工作的关键。作为一支国际性的团队，我们的研究者来自西方和非西方的文化背景，我们已经意识到有关普遍主义中必定包含价值帝国主义的激烈论争，我们对这一问题怀有极大的关注。①

既然能力理论是国际人权运动的"近亲"（在我看来就是它的 *102* 一支），我们这里最好首先检视该运动经常遭遇的反对意见，接下来再回到能力理论的具体贡献。我们经常会听到，人权运动——其最常见同时也最具影响力的观点认为全世界的所有人都有某些根本权益——起源于西方，因此，国际人权规范被设定为主要的人类目标，这就强化了一种西方意识形态对非西方文化的宰制。在近期刚刚摆脱殖民统治之后，非西方文化现在又正面临着一种新的殖民。我们应该如何理解这种论证呢？

首先，它甚至还不能称为一种论证。即便人权就其历史渊源而言确实是西方的，这一事实本身也并没有提供一种理由，以此判定人权不适合于其他民族。人类自古至今都在相互借鉴，人类文化以各种方式利用原初外来的资源，这是人类历史中最重大的事实之一。而且有些时候，社会所借用的不只是一种外来观念的只言片语，还有那些最初源自外部的系统性的大理论。世界上所有主要的文化运动——包括基督教、佛教、伊斯兰教和马克思主义——都有其既定时间和地点的具体起源，但是其广泛传播超越了它们的起源地，就是因为人们为它们所吸引。我们没有理由认为，这一现象本 *103*

---

① 例如，阿玛蒂亚·森是一位孟加拉裔的印度人，虽然森取得了英国公民身份，目前居住在美国，但他还保留了自己的印度公民身份，深度参与印度的政治和文化。我是一位美国公民，但我的工作使我在大量研究中走向印度以及许多不同的国家。人类发展与能力协会的主要创始人包括来自下述国家的研究者：巴基斯坦、日本、巴西、荷兰、意大利、孟加拉国、英国和美国，其成员来自 80 个国家。该协会的主席已经包括两位印度人、一位英国公民和一位美国公民。

身就是应予反对的。我们很少听到这种论证，马克思主义的西方起源让非西方民族有了一种否定马克思主义的理由。假使奉行马克思主义是一种错误，也不是因为它起源于一位德国犹太人在大英图书馆的工作，而必须给出更进一步的论证。有关人权的类似观点并不具有更多的说服力，除非我们可以给出更进一步的理由，证明其他文化不应采纳人权运动中包括的概念，否则我们就压根没有进入问题的实质。

但即便是作为一种有关历史的命题，"帝国主义"的指控也遭遇到严重的困境。阿玛蒂亚·森已经证明，人权理念的构成性元素存在于印度和中国的传统中。这些元素在欧洲启蒙运动中以一种特定的方式组织起来（在此之前，西方哲学传统本身也只有该理念的一些元素而已），但是这一事实并不能证明，人权理念在其更深层的结构中是西方所特有的。有一些我们经常与启蒙运动联系在一起的理念实际上也存在于印度，甚至远远早于它们在西方的存在。例如，宗教宽容的理念可上溯至公元前 3—前 2 世纪的佛教君主阿育王的思想。

国际人权运动起始于 1948 年形成的《世界人权宣言》，它的现代设计师们来自许多不同的国家，包括埃及、中国和法国。他们在设计权利的目录时，有意识地让它可以为来自不同文化和宗教传统的人们所接受。在这之后，所有主要国际人权文件都是由国际性的团队所起草的，来自非西方民族的人士在其中具有显要的地位。美国通常是反对者最恐惧的帝国主义国家，但美国并不是国际人权运动的领导者。远不及此，美国甚至尚未批准大多数主要的人权文件，包括《消除对妇女一切形式歧视公约》和《儿童权利公约》，而世界上大多数发展中和发达国家都已批准了这两项公约。① 如果认为美国正在企图把人权规范强加给一个不情愿的世界，这实在是极大的无知。

此外，如果我们更仔细地审视殖民主义的历史就会发现，人权规范在殖民地并非出自殖民者的一种要求，反过来，被殖民的民族也没有将人权认定为"西方价值"。实际上，更准确地理解，人权规范乃是抗争恣意的殖民权力的话语。印度就是一例，它的宪法保护了广泛的人权。英国统治印度期间并没有向印度输入有关言论自由、结社自由和政治自由的规范。这些规范在英国本土或许会有一些人在一些场合加以辩护；但在统治印度时，英国人显示出对人权理念的彻头彻尾的轻蔑。印度人不太可能将帝国与人权理念联系在一起，那时他们在日常生活中所要承受的包括强制性的隔离，对结社自由的否决；暴力，有时甚至是凶残攻击那些想要自由表达和抗议的人们；未经指控或审判的逮捕和拘禁；以及那些难以计数的犯罪行径。1913 年的诺贝尔文学奖获得者、诗人泰戈尔曾在 1919 年退回他的爵士头衔，以抗议英国侵犯人权的暴行，他认为西方文化建立在一种恣意权力的基础上，没有对人性的尊重。泰戈尔仰慕许多西方的思想家，熟知西方文化内还有其他的潮流，包括尊严和权益的理念；但他还是指出，一种对权利的蔑视当前正主导着欧洲对

105

———————
① 尚未批准《消除对妇女一切形式歧视公约》的国家包括美国、伊朗、汤加、帕劳群岛、索马里、苏丹、纽埃岛和梵蒂冈（最后一个当然是"西方价值"的一个核心起源）。《儿童权利公约》已经为联合国的所有成员国所批准，除了美国和索马里。

世界其他地区的行为。

多年以后，当甘地和尼赫鲁坚持在人权基础上建设印度的新国家时，他们都长期忍受了在独立斗争期间英国人常规性的侵犯人权的暴行。两人都曾因和平抗议的"罪行"而在英国人的监狱里待了很长时间，尼赫鲁尤其如此。甘地并不是西方文化的爱好者，与泰戈尔一样，甘地认为西方文化是物质主义的和强权驱动的。甘地信奉人权是因为人权内在的重要性，而他坚持认为，人权最终可以如他所阐释的那样在印度传统中找到它的根基。

关于人权在南非宪法起草中的角色，我们也可以讲述一个大致同样的故事。这部现代国家以人权为本位的宪法，代表了一种将人性尊严保护加以法典化的努力，从而使得未来的专制政权不可能侵犯人性尊严，终结了南非种族隔离时期对人性尊严的日常侵犯。如果我们考虑到这一不平凡的事实，即南非宪法不仅禁止性别和种族歧视，而且禁止基于性取向的歧视——在 1996 年，当时的美国还在维持男性肛交入罪法律的合宪性，而其他国家当时在这一问题上还并未采取严肃的法律行动——我们就可以发现，保护弱者免于强者的暴政在很大程度上正是南非制宪者的核心思想。

因此，人权的"帝国主义"反对意见是完全失败的。人权的议程支持所有人的平等价值和尊严。平等价值的理念并非西方所特有，因此它当然不是帝国主义的。人权项目是弱者反对强者的盟友。

但是，"帝国主义"的反对意见在国际发展的世界内是很有影响力的。因此，如果我们想要避免反复进行上述论证，我们可以将关注引向以下事实，即能力理论虽然与人权理论紧密相连，但其主要起源在印度，它的表述也是一个研究者的国际团队的工作。更重要的是，能力理论是贴近地面而行的，其理论核心并没有运用精英的抽象理论概念，而"人权"理念有时候就是如此。实际上，它所提出并且回答的问题，就是真实的人在他们的日常生活中，在许多不同的语境内，会向他们自己以及他人提出的问题："我能够做些什么？我又能成为什么？我真实的选择是什么？"我们至少不能否定这一可能性，即 N 国的民众缺少人权的概念——虽然我相信这一判断通常是错误的。但是如果认为 N 国的民众从来没有问过自己，他们可以做些什么，又能够成为什么，这就是完全不合情理的了。能力理论以这种方式贴近地面行走，由此使得我们可以绕开有关权利和帝国主义混乱的同时也令人困惑的抽象辩论。

在更一般的意义上，当我们思考多元主义和文化价值的整体议题时，我们应当牢记，没有哪一种文化会是铁板一块。所有的文化都包含着多元的声音，通常来说，那些被误认为是一地之传统的"东西"，只不过是该文化中最强势成员的观念，他们有更多渠道进行书写和政治表达。在我们可以从经验上叙述一种文化的"诸观念"之前，我们必须要去探寻少数群体、妇女、农村人口，以及其他在正统叙述中不被关注的团体的观念。一旦我们理解到这一点，我们就很难认定传统价值具有任何规范性的权威：传统给予我们的只是一种对话，一场辩论，我们没有选择，而只能去评估传统之内的不同立场。能力理论认为，我们在这时可以运用所有人的人性尊严的理念，以此作为我们的向导。

107

即便如此，我们还不应该忽视这一事实，即人们的选择各有不同，而且对人的尊重要求尊重人们生活中的自由领域，他们在这些领域内可以做出各自的选择。有一些选择是个人的、特殊的，但是也有许多选择涉及文化、宗教、伦理或政治身份。因此，在设计任何规范性的理念时，我们都必须慎重地考虑到对选择的尊重，务必要保护人们根据他们的选择来表达自我的空间。当我们的理论取向就政治价值的规范性内容给出具体主张时，我们就需要更清楚明确地进行这一工作。我们必须确保，这一内容并不会不适当地压制人们在其生活中具有核心意义的领域内的选择能力。例如，坚持要求某些形式的生命拯救治疗的强制性供给，比如输血，将会否定耶和华见证人不接受输血的宗教选择。如将能力而非运作作为适当的政治目标，这一类型的问题即可得到避免。

108　　我们已经看到，阿玛蒂亚·森将关注集中在教育、健康以及性别平等上，这就在内容问题上采取了一种立场。但是，我自己更直接的目录给出了一组更广泛也更确定的承诺，因此也更容易遭受以下的批评：它可能太有侵入性，或者带有基于某一种宗教或文化价值的方向性偏见。因为我相信，文化和宗教表达的自由是一项重要的议题，我已经通过以下所述的多种方式，在自己的理论中融入了一种对文化多元主义的同情感受。

第一，能力目录是一种批判性规范论证过程的产物，其核心涉及人性尊严的理念。如同所有值得尊敬的哲学论证，我的论证也时刻准备着接受批评、辩驳和交锋。人们可以思考它，如果发现它有说服力，就接受它。这一目录是开放的，随时接受修正和反思。

　　第二，我的理论有意识地用一种有些抽象和普遍的方式来规定目录内的条目。在此类抽象原则可以正当地写入一部宪法或其他奠基性政治文件前，它还必须要求公民、立法机关和法院的阐释和审议。在特定的范围内，不同的国家完全有权考虑它们的历史和特定的环境，由此得出不同的结论。例如，德国的言论自由权利容许禁止反犹太人的写作和政治组织，这种权利很好地适应了德国，但在美国不同的气候内却很有可能太严格了，后者认为第一修正案的言论自由保护前述的活动。在界定和保护言论自由时存在着不同的正当方法，虽然有一些政策总是有着不可接受的压迫性。至于一种情形是否落在最低限度之下，这个问题通常应当比较多样的案例从而得到"贴近地面"的解决，但是我们可以确定地认为，如果一种政策向不同的公民团体分配了不同程度的言论自由，该政策将自动落在最低限度之下。

109

　　第三，能力目录是作为一种独立的"不完全道德理念"（partial moral conception，我在这里借用了罗尔斯的术语）提出的，也就是说，它仅仅是为了政治目标才提出的，并未涉及那种对人们进行文化和宗教分化的形而上理念。正如罗尔斯对其基本原则的表述，我们也可以将能力目录以及它所嵌入的理论方法视为一种"模块"，人们可以就人生的终极意义和目的持有非常不同的宗教或世俗理念，但他们也都能认同该"模块"。人们可以通过多种方式将此"模块"与他们的宗教或世俗整全性学说联系在一起。如同《世界人权宣言》，能力理论追求一种基于实践性政治目标的共识，有意识地避免去评述诸如上帝、灵魂和人类知识之局限此类深层分裂性的议题。这样的策略是一种尊重多元性的表达方式，就好比在宗教领域内的禁止立教学说，它可以被理解为一种表达对全体公民的平等尊重的方式，无论他们信仰何种宗教或者不信教。事实上，在关于宗教和能力的更翔实的论述中，我为禁止立教学说和宗教活动自由学说提出了坚实的辩护，它们被视为在宗教领域内人类能力和平等的必要保护机制。

第四，我的方法运用了一种能力的目录，而政府的工作被理解为培育全体公民的全部十种能力，使之超出最低限度的水平。很显

110 然，这一任务有别于推动公民进行相关运作的观念：人们如有一种能力就有一种选择，即一种自由的区域。他们可以选择相应的运作（例如，进食有营养的饮食），或者他们也可以避免相应的运作（禁食或者选择一种不健康的生活方式）。能力作为政治目标保护了多元主义。很多人愿意支持一种既定的能力作为一项基本权益，但如果相应的运作也被设定为基本要求，那么他们将感到受到冒犯。因此，有信仰的公民会认同投票的权利，比如阿米什人，但是强制性的投票要求将会深深侵犯他们，因为这违背了他们的宗教理念。有些人完全反对任何形式的宗教建制，认为它们会迫使所有公民进行某一类型的宗教运作（强制性的宗教宣誓、官职的宗教资格等等），但他们会认可宗教活动自由的理念。瓦莎蒂是一个教徒，她将享有印度宪法赋予她的宗教自由；如果她的朋友柯卡拉不信仰宗教，柯卡拉就不会运用该自由。但是，两人都可以认同该宪法条款，她们都会同意，让全体公民都有这样一种自由区域是一个好主意，因为宗教上的区别在印度存在，而她们尊重她们的同胞。

第五，那些保护多元主义的主要自由也是能力目录上的核心项目。言论自由、结社自由、信仰自由、政治参与和机会——所有这些都是一个保护文化和宗教多元性的社会的关键元素。我们将这些元素放在目录上，实际上就赋予它们以一种核心的、不可谈判的地位。在此不妨比对一种只知道尊重本地传统，而不论传统为何的政治观念。在这个世界上的许多社会，如果不是大多数社会，这样的一种政治路径不会保护多元主义，因为许多地方性的传统并不认同宗教活动自由以及一种有意义的多元主义的其他元素。就此而言，尊重多元主义绝不等同于文化相对主义或者尊重传统，它要求社会去支持那些保护全体公民进行其选择的顶层价值。

第六，"殖民主义"的批判假定，能力目录的制定者将会鼓动政府（具体而言是强势的西方政府）谴责那些反对本理论所包含的价值的国家，并且通过强力来推行该理论。但是，能力理论完全否定了任何此类举动。我自己的理论版本坚持证成议题和执行问题的严格区分。我相信，好的论证可以证成能力目录为全世界范围内政治原则的良性基础。（即使证成也包含着一种民主的要素，这是指一种理论进路如要得到证成，只有它被证明将与知情—欲望的判断交叠在一起。）证成就为相关各方提供了良好的理由，在其国内推动能力理论，同时行动起来将能力理论写入国际文件中。但是，如果一国并不认可或执行能力理论的目标，却鼓动对该国事务的干预，这就提出了一种完全不同的问题。如果政治理论本身就已经吸收了一种对国家主权强有力的辩护，如同我的能力理论所做的那样（主张国家主权是人类自由的一种重要表达，是全体人类在自我选择的法律下进行自治的基本权利的一种表达），那么理论本身就已经确立了一个坚实的屏障，反对对任何满足正当性之最低限标准的国家施以"人道主义干预"。（在我看来，正当性的底线标准较之于充分正义是一种低得多的标准，充分正义作为一种标准可以说现存所有国家都没有完全达到。）

112　　我主张（追随有关人道主义干预的标准叙述），只有在某些非常严重、涉及传统承认的反人类罪行的情形中，比如种族灭绝，军事和经济的制裁才能得到证成。即便当此类罪行发生时，干预也经常是一种策略错误，尤其是当这个国家是一个民主国家，因此可以说服它去改造其邪恶行为时。因此，虽然我曾经指出印度古吉拉特邦在 2002 年对穆斯林的屠杀符合种族灭绝的定义，但我仍认为外国政权干预印度国内事务是极不明智的，印度是一个有着强健民主传统的国家。国际上对暴行的谴责是重要的，而拒绝让凶手作为贵宾进入自己的国家也很重要。（美国对纳伦德拉·莫迪［Narendra Modi］拒发签证乃是明智之举，他是古吉拉特邦的行政长官，种族灭绝暴行的主要凶手。）但是只要民主体制本身尚且有自我纠错的适当机会——正如在七年后的现在，印度在很大程度上已经做到的——强行干预就是大错特错。

　　因此，反对者的主要担忧看起来无法得到证成。一旦可以确定，建立在人民同意基础上的国家主权构成了理论整体的一个重要部分，那么就很难反对将一些东西作为良性理念推荐给所有人。

第六章 国家与全球正义

能力理论的早期叙述关注的是民族国家，它的问题是国家能多 好地推进本国公民的人类能力。在联合国开发计划署的报告中，能力理论的比较性运用也是以国家为中心的，它通过多种方式在国家之间进行排序，但是在排序过程中根本不提富裕国家促进贫穷国家民众能力的责任。（相比之下，《阿拉伯地区发展报告》就关注了超国家的区域。）我在运用能力理论去建构一种社会正义理论时，起初同样只关注国家，认为每一国政府的对内任务就是要为所有人的核心能力提供支持。

国家不仅是一个方便的出发点，它还具有道德上的重要性。国家——至少是成熟民主的国家——是原则和法律所构成的体制，它们的终极根源在人民。因此，国家是人民自治的重要表达（这里，人民自治指人民有权生活在他们自己所选择的法律之下）。因此，能力理论的关键面向，特别是它对实践理性和政治赋权的尊重，引导该理论赋予国家以一种核心地位，同时去追求一种民主国家的主权得到保护的世界。在这样的一个世界中，国家不会像它们今天这样，将其权力让与跨国公司和全球性的金融网络，后者充其量仅有最低限度的问责性。国家是否是唯一的具有适当程度之问责性的实体，因此可以作为自治表达的一种载体，这是一个经验问题，但是直至现在，尚没有更大的实体表现出充分的问责性，即便是欧盟在这方面也有缺陷。

国家可以大且多元，比如印度，它有 12 亿人口，350 种语言，也可以是联邦制的，比如印度和美国；但是它们都有一种统一的基本政治结构，宪法就是其中的关键部分，而且宪法文件界定了人民的基本权益，其根源就在于"我们，人民"。（这一术语已经成为民主国家宪法的标准开篇语，例如，它开启了美国、印度和南非的宪法。）欧盟具有一些此类特征，但是至少在现在，欧盟还不具备充分的问责性和回应性以满足它的许多成员。如果它可以继续向这一方向前进，它很可能会走向美国和印度这样的联邦制国家。一种世界政府，如果真有可能出现，从人类自治的视角来看也不太可能让人满意，因为它很难敏锐地回应来自不同历史和传统的人们的多元观念。

因此，国家具有一种植根于能力理论的道德角色，这是因为能力理论为人民的自由和自我定义赋予了核心意义。而且大多数民主国家都得到了有效的治理，很好地为其人民保障了目录内的能力。

即便如此，现如今的世界仍容纳着基本生活机会上的不平等，它们从正义视角来看是有悖良知的。正如我们无法容忍一个人的基本生活机会取决于他的种族、性别或阶级，我们同样不可能支持基本生活机会应该主要由出生在一国而非另一国的运气来决定。可是这却正是现实。预期寿命、教育和工作机会、健康——简言之就是能力目录上的所有项目——都存在国家之间的巨大差异，而且这些不平等还正在迅速扩大。除此之外，从每一个人生命的起点开始，制造上述不平等的影响就已存在——我们甚至可以追溯至更早，因为怀孕母亲的营养和健康保障是生活机会不平等的主要根源之一。如果说基本的正义要求一个人的权益不应为随意的因素所限制，那么在现今的世界秩序内，正义无处不在受到侵犯，而只是不平等的存在（驱使很多人生活在能力底线以下）就已构成了行动起来的充分理由。

但是，我们还有其他理由认为富国应承担起援助穷国的责任。有一种理由虽然存在争议，但在有些人看来是非常重要的，该理由认为贫穷国家的许多问题是由殖民剥夺所导致的，比如，殖民者阻止穷国实现工业化，掠夺穷国的自然资源。现在的再分配看起来就构成了一种适当形式的对历史的纠正。

但是，如果我们并不接受这种向后看的论证，我们仍可主张，当今世界秩序的某些特征使得再分配具有强制性。世界经济在很大程度上是由富裕国家以及影响富国选择的公司所掌控的。毫无悬念地，它们是基于自身的利益来控制这个体系的。（亚当·斯密早已指出，公司就好比一支"常备军"，在国内就以种种轻率的方式控

116

制政治过程，但是它们对那些与富国有交往的穷国来说是最不公正的。）全球竞争的规则在许多方面都更有利于富裕国家，而世界银行和国际货币基金组织的政策也同样如此。正是这些当今世界的特征，让我们可以合理地得出结论，贫穷国家并不是在一个平等的场域内进行竞争的。如要纠正这种不平衡，对穷国环境和再分配行动的特别关注看起来尤其重要。

如果我们自问，为什么我们作为个人应该支持涉及国家间再分配的政策，则我们必须承认，每一天，在数不胜数的行为和选择中，我们构成了同一的、被认定为不公正的全球经济的一部分，影响到远方民众的生活。最简单的消费者购买——例如买了一瓶饮料或一条牛仔裤——都会影响到世界另一边的生活。有些人可能会主张，火星上的不平等并不关我们的事，无权对我们提出要求，因为我们和那些人以及他们的境况之间不存在因果关联。但是这一论证不可能适用于今天世界上的远方民众，即便全球经济对穷国没有不公正，它还是让我们和他们联系在一起，使得我们有理由负责任地思考这些联系应该如何继续。

在一国以内，不平等的解决办法主要包括国家的政治结构、制度设计和义务的分配。如果一个世界政府确实是个坏主意，那么当我们进入世界舞台时，就不可能以同样的方式指望着一种顶层的政治结构。因此，我们可以认为全世界的公民都可享有能力权益，但是哪个主体应当承担起与此类权益相对应的义务，该问题就变得更为模糊。此类权益的存在是独立于国家的，但是，权益是与义务相关联的，因此谁应当承担起与全世界公民的体面生活水准的权益相应的义务？首先是他们自己的国家。在这之后，富裕国家的政府应当至少将其 GDP 的 2% 转移给穷国。跨国公司、国际机构和协议、非政府组织——上述主体都在保障世界全体公民的能力中扮演了一种角色。因为我们的世界永在变动之中，大规模的变化必定会影响到义务的分配，所以任何的责任分配都应是暂时性的。就此而言，世界秩序永远无法实现那种我们可以合理要求公正国家所提供的能力安全。但是，我们可以做到比已做到的好得多的地步，以促进世界范围内的人类能力。

　　此前，大多数国际正义的理论在论述国家地位时都犯下相同的错误，它们不仅认定，国家主权是一项重要的人类价值（这是正确的），还认定国家之间的义务仅限于战争与和平的领域内的一种有限的列表（这就是错误的）。例如，康德和罗尔斯都将对全球原则的追求设定为一种**两阶段谈判**的形式：国家首先在内部确定它们的原则，接下来，在第二阶段不能质疑任何已有的协议（包括有关经济分配的协议），各国的代表集中在一起进行谈判。因为这一谈判是在国家之间，而不是个人之间，同时因为它无权对国家的义务和机会的内部分配进行任何改动，所以它注定是并且事实上也是非常薄的，涉及条约遵守、战争与和平等事务，但不会包括任何经济再分配。如果我们接受下述理念，即在基本正义的意义上，所有人都应得到一定的核心生活机会，则这种理论看起来就是严重不足的。*118* 而且正如我在《正义的前沿》中所致力论证的，这一理论就自身而言很可能也不充分，但是进行这一论证要求细致的文本工作，这里没有必要再重复一遍。涛慕思·博格（Thomas Pogge）和查尔斯·

贝茨（Charles Beitz）运用罗尔斯的理念，发展出一种**全球契约**（global contract）的理念，此举提供了一个更有希望的出发点。

能力理论还反对另一种主流的全球正义理论，后者可见于一些结果主义导向的思想家（大多数是效用主义者），他们将全球正义的问题理解为一种主要关乎个人慈善的事务。（彼得·昂格尔［Peter Unger］的效用主义理论就是这一类型的鲜活例子。）根据这种观点，人们有责任将他们的大量财富和收入交出来，以资助身处被剥夺环境的人们。其中一项建议就是他们可以向一些合适的跨国慈善组织进行捐赠，例如联合国儿童基金会、乐施会或者关爱会。这种理论带有效用主义和结果主义方法的全部问题，这些我们都已经有所讨论，但是它们还有一种在先的、更为显著的问题：它们忽略了制度的作用，假设一个国家试图通过私人慈善来解决其分配问题。我们都知道这行不通。首先，它造成了大量的集体行动难题。当国家公正的时候，它们会找到向每一个人分配公正份额的收益和负担的方法，但是自我行动起来的个人将是没有效率的，无法协同行动。其次，它还会导致公正性的难题：因为如果需求确实必须得到满足，那么为了弥补有些人逃避其义务的现实，那些乐善好施的人士付出的必须超过其所应承担的份额。世界版的个人慈善理论也具有以上两种问题。

全球正义理论还有其他问题。想象一个世界，人们在其中确实遵循昂格尔的建议，完全奉献出自己以追求全球范围内平均效用（满足）的最大化。在这样的世界中，人们要活出属于他们自己的生活，以及有活出这种生活的裁量权，这种意识已经荡然无存。效用主义的德性吞噬了全部的生活空间，这是一种因哲学家伯纳德·威廉斯（Bernard Williams）的论述而著称的批评，威廉斯主张，效用主义不可能真正理解人之完整性的理念，它根源于这一重要的事实，即我的生活和我的行为都是我自己的。一种良好的政治结构应表现为，它首先规定民众所要承担的一组有限且明确的义务，然后将其余的事都交给他们自己，这样就创造出了一种有价值的区分，什么是我对远方其他人所承担的义务，什么是我可以用于我本人的目标（也包括我的家庭、我的朋友、我关爱的事业等等）的资源。

最后，让我们来看一下昂格尔所建议的世界。这将是一个由乐施会以及其他非政府组织主导的世界，因为如果人们听从了昂格尔的建议，此类组织就比国家更富裕、更强大。但是，这些组织无论多么好——让我们暂且假定，它们可以如我们所希望的那样诚实、高效和英明——它们还是无法以民主国家负责任的方式对人们负责。如果说它们在规划战略时要去听谁的意见，这最有可能是它们的大施主。我们不会喜欢这样的世界，非政府组织（它们的托管者、它们最富有的捐赠者）掌握了全部的权力以及议程设定的机会。具有讽刺意味的是——因为这一理论就其愿景而言是平等主义的——这样一种场景就意味着，一个全球精英所掌握的权力将远远超过民主选举出的政府。

简言之，私人慈善做了些好事，那些从私人慈善处获得大部分资助的非政府组织在许多场合都在从事大善举，但是，我们必须做出多种区分，从而可以确定何种形式的私人援助对民众而言是真正

120 有价值的，可以促进诸如平等尊重和赋权此类的关键价值。

因此，我们需要一种解决全球问题的制度方案。我们的出发点是，世界上所有公民都有权获得支持，确保他们安全跨越全部十种核心能力的底线，由此出发，我们不可能直接走到向个人分配义务这一步：主要的义务必须分配给机构。任何其他形式的方案都将遇到无法克服的实践和理论困难。但是，一个世界政府很可能是一个坏主意。它不太可能具有我们认为国家政府应有的那种问责性。欧盟在这方面并不是一个好的先例，如果论及联合国代表对全人类的问责性，则联合国实在是一种彻底的失败。即便问责性的问题可以得到解决，一个世界政府很可能会过分地抹平差异。当一个国家就各种具体能力确定其相应底线时，历史和文化的差异有着一种正当的地位，在一个多国世界内，这种正当的多元性可以得到维持，但在一个世界政府之下，正当的多元性很可能荡然无存。此外，如果一个国家成为暴政或国家失败的牺牲品，其他国家——以及次国家和超国家的机构——还可以回应来自该国人民的援助请求；而一个世界政府不可能呼吁任何来自外部的帮助。因此，基于上述所有理由，我们不应该憧憬一个世界政府的建设。

在这里，关于应当如何执行能力理论所包含的道德义务，能力理论的工作者可以具有合理的不同意见。在有些人看来，在诸如劳动、环境和人权此类的领域内，可执行的国际协议应当发挥一种强有力的作用。还有一些人甚至主张，如果一个国家在至少上述某些领域内未能公正对待基本权益，那么强制性的军事或/和经济干预

就有了正当性的证成。我个人的立场当然不是能力理论所能采取的　*121*
唯一立场，我认为，国家主权是极其重要的，因此只要一国具有一
定程度的民主正当性，军事干预就永远无法得到正当性的证成；即
便上述条件未能得到满足，基于审慎的理由，军事干预通常也是一
个坏主意。经济制裁也只能运用在最严重的情形中，例如种族隔离
时代的南非，当时其绝大多数的人口都被完全排除在政治过程以
外。（如果一国无法主张最低限度的正当性，不干预的道德论证就
失去其效力，但是审慎的因素还是经常性地要求不干预。）但是劝
说总是恰当的，如果可以说服国家签署主要人类能力领域内的国际
协议，这就是一件大好事。一旦得到某个国家的认可，它们就对签
署国家有约束力，因此可以通过常规的国内机制以及来自国家共同
体的压力得到执行。对于那些追求一种更激进的国际人权体制的人
来说，也包括那些鼓吹在事关人类福利时应优先适用国际协议的
人，前述关于全球治理的立场不仅冷淡，而且单薄。但我相信，我
的立场可以为一种合理的道德论证所证成，但是这种论证应该同时
也必将继续下去。

　　因此，制度的解决方案应该是薄的、分权化的。我们还需要大
量的研究工作，才能去判定多大程度的以及何种类型的分权才是最
优的。解决全球问题时所涉的机构主要是现有的国家，它们不仅要
承担起对本国人民的义务，如果是富裕国家的话，还要承担起对贫
穷国家的义务。国际条约和其他协议的网络将向国家共同体施加一
些规范，与此同时，公司和非政府组织在它们活动的区域内，也可　*122*
以推动人类能力的进步。这样的一种分配应该保持试验性和不完全

性，以回应世界共同体条件的变动。（50 年前，跨国公司的权力还是难以预料的，但在今天，任何忽视跨国公司的方案都必须加以修正。）显然，关于这些重要议题的进一步工作——目前能力理论尚未对其充分理论化——在未来仍是头等大事。

第七章　哲学的影响

　　能力理论是一种现代观念，但是它有很长的历史。阿玛蒂
亚·森和我都坚持认为，能力理论背后的直觉观念，在许多不同的
文化中——很可能是在所有文化中——都有其根源。关于一个人的
机会和选择，关于她实际上可以做到什么和能够成为什么，这些问
题在人类生活中是无处不在的，它们很可能不只是每一种文化，而
且是每一种个体人生的一部分。此外，能力理论所回应的不满和抗
议也是无所不在的。何处的民众不会这么说："我想要做 X，但是
我的生活环境没有给我机会"？对于这一类型的普遍不满，能力理
论的回应是："确实如此，在一些非常重要的领域内，你应该有能
力去实现你心中的想法，而如果你不能，这就是基本正义的一种失
败。"我还要更进一步指出，能力理论所探索的基本权益和正义理

念与人类机会之间的关联也是无处不在的。森也曾强调指出，人类权益和人权理念的根源既出现在欧洲传统中，也存在于印度和中国。

即便是在哲学理论的层次上，能力理论也有许多根源。对于阿玛蒂亚·森而言，泰戈尔和甘地的理念——自然包括许多早期印度的理性主义思想家——至少与我在这里将要描述的西方根源有着同样的塑造意义。就此而言，本章有意识地保持着不完整性，此举也反映出这一事实，即森已经全面阐释了其理念的印度根源，在这里简要概述他的写作并没有太大价值。我本人对妇女自由和能力的叙述，也受到泰戈尔的人道主义哲学和文学作品的影响。我们还应当记住，有些欧洲根源本身就曾与森所吸收的印度根源发生过对话。（例如，泰戈尔和约翰·密尔是学术上的师兄弟，他们两人均承袭自奥古斯特·孔德［Auguste Comte］。）目前，能力理论阵营内的理论工作者来自许多不同的国家和传统，包括那些来自非欧美传统的学者，这已表明能力理论具有广泛的吸引力和支持。

在欧美的先行者中，我的能力理论的最重要根源是那些来自古希腊和罗马的论述，虽然亚当·斯密、康德、密尔和马克思也极大地影响了我的理论表述。约翰·罗尔斯的作品是最为重要的，尤其是他让我信服，能力理论应该表达为政治自由主义的一种类型。当我发展能力理论时，我尚不知道 T. H. 格林（T. H. Green）和欧内斯特·巴克（Ernest Barker），但在发现他们的理论之后，他们的方法就如同指路明灯。

这些西方的传统同样出现在阿玛蒂亚·森的思想先行者中，包括人道马克思主义、约翰·密尔的自由和自我发展理论，尤其是亚当·斯密有关经济和道德情感的论述。因为亚当·斯密是亚里士多德和斯多葛学派在现代重述和复兴的主要根源之一，森对斯密的毕生兴趣就把他和这些早期文本联系在一起。此外，欧内斯特·巴克在剑桥大学是一位高山仰止式的人物，他的影响力及于数代学者，而他的新亚里士多德主义早已影响到青年时期的阿玛蒂亚·森。

125

本章对思想史的补记并不是为了能力理论的证成，该理论可以自行确立起来。但是，追记思想史确实有助于展示，能力理论的理念有着广泛的共鸣和吸引力；而这转而又有助于确证，在一个包含多种整全性价值观的社会内，能力理论的理念可以成为一种交叠共识的对象。

亚里士多德和斯多葛学派

在某种程度上，能力理论的最早西方本源是苏格拉底，他强调通过与他人对话而进行批判性思考的意义。但是苏格拉底没有发达的政治理论。因此，能力理论的最早也最重要的西方历史本源是亚里士多德的政治和伦理思想。亚里士多德相信，政治规划者必须理解人类过一种丰满的生活需要些什么。亚里士多德明确指出，他有关丰满人生的伦理学论述，意图在于为他所在社会的未来执政者提供指导，这样的话，执政者就可以发现他们所在努力实现的到底是什么。

因为选择对亚里士多德来说是最重要的——只有在行为受控于一个人自己的思想和选择时，这种行为才算是有德性的——他并没有指示政治家去要求每一个人进行可欲的活动。事实上，政治家要培育能力或制造机会。亚里士多德不是一个自由主义者，但是他确实认为，未经选择就实现的满足是不符合人性尊严的。而且亚里士多德也理解，即便在不存在禁止命令的区域，如果缺乏教育或劳动条件，使一个人不可能获知信息或者反思，这也会阻碍有意义的选择。亚里士多德主张，政治计划应该"首先"关注年轻人的教育，因为教育的缺失会给政治生活造成重大的危害。亚里士多德在其论著中反复认定了不同层次的人类能力（dunamis），大体上对应着我已经引入的概念区分（内在能力、发展后的内在能力、最终的混合能力）。

126

亚里士多德坚持认为，追求财富并不是一个体面社会的适当的总体目标。财富只不过是一种手段，如果财富本身成为一种目的，那些应当指引政治规划的人类价值就将被完全贬值和扭曲。亚里士多德也并不支持任何一种有关政治规划之总体目标的叙述，只要此类叙述设定了一种一元化的、同质性的目标，而只是在量上存在着差别。亚里士多德思想在多个阵线上的复兴，在当代道德哲学中有着相当大的影响力，而在这一复兴运动中，不可通约性的问题在能力理论中是如此重要，获得了应有的重视。

虽然亚里士多德不可能知道我们所说的效用主义，但是他已经认识到享乐主义者关于美好人生的理念。根据此类理念，善等同于愉悦减去痛苦后的最大净额，而且亚里士多德提出了多种驳斥享乐主义的论证，如今看来，它们都是反对边沁式效用主义的高品质论证。（至于密尔，他认为愉悦不仅有量的差异，还有质的区别。密尔还主张，有些愉悦是恶性的，因此在支持一种行动时根本不应计算在内。与此同时，有一些值得选择的人类活动，诸如为了国家舍生取义，并不会带来愉悦；还有一些活动，诸如观察、记忆和求知，即便它们不会带来愉悦，我们仍会选择这些活动。）总体来说，亚里士多德主张，作为理解社会应予促进的价值的指引，愉悦和欲望的满足是完全靠不住的，因为人们已经学会从各种类型的活动中获得愉悦，既有好的，也有坏的，取决于他们此前所接受的教育类型。

因此，任何体面的政治规划都设法推进广泛的多元且不可通约的价值，包括不同人类能力的伸展和发展。而且，政治规划不能只为一种整体性的集合体推进这些价值，而是要为所有的公民，为每一位公民（亚里士多德曾经说过"每一个人、所有的人"，以这一目标区别于柏拉图的法团主义理念）。亚里士多德已经意识到，在柏拉图的国家里，社会的整体条件（据称）得到推进，但其进步方式却将一个公民阶级永远安置在被宰制的地位，亚里士多德认为这一团体繁荣的理念是混杂的："一个城市就其本质来说是一个复数……每一个人的善就是那些保持个人的东西。"

在后世的自由传统中，许多政治思想家都有类似的洞见。但亚里士多德之所以能在政治思想中保持其核心地位，原因在于他的思想融合了选择及其重要意义的理念与人类脆弱性的理念。亚里士多德是医生之子，他是一位伟大的生物学家，从不曾将人类视为一种可脱离肉体而存在的生物。他的学生曾因看到动物尸体以及组成尸体的杂物而感到恶心，亚里士多德训斥了他的学生。他深知人类就是一种动物，而所有动物都是从出生到幼年、童年、成年，如果它们还活着，就走向老年，在此过程中有许多的脆弱面。（亚里士多德曾经分别专题论述老龄问题、睡眠问题，以及记忆和记忆之丧失的问题。）

128 因为亚里士多德认识到人的脆弱，他意识到政府所必须处理的议题不仅包括教育，还包括提供水的清洁和空气的质量。当然脆弱性不可能被完全根除，但是亚里士多德强调指出，有些城市通过某种方式为人的脆弱提供了更好的支持。亚里士多德建议，政府应该提供食物，其形式表现为社区进餐，它不仅有助于健康，也会促进友谊和团结。富人应支付自己食物的成本，但是穷人的参与将由城市进行补贴。根据这样的方案，城市土地的一半以上将为公共所有，而来自土地的收获将用于补贴公共用餐和公民节日（比如演出悲剧的宴会日）；即便是私人所有的土地也可以供有需要的人士使用。亚里士多德的理念认为，政府的工作是要让全体公民都能过上一种基于他们选择的丰满生活，上述就是他从这一理念所推演出的一些结果。

亚里士多德的哲学思想有一些严重的局限。虽然他的理想之城是民主的，这是指公民应当轮流去统治和被统治，但是他对可参与团体的界定却太过于狭隘。他对当时雅典那样的一种体制非常满意，在这种体制中，只有自由的成年非移民男性才是公民，而奴隶制也是一种现实。亚里士多德甚至还支持比雅典实践的范围更大的限制：在他的理想之城中，体力劳动者、农民和水手都要被排除在公民范围以外。亚里士多德看起来没有人格平等的基本理念，他并不认为所有人共享着一种超越性别、阶级和种族区分的价值。亚里士多德甚至从未想过，为了支持共同体以外的人们的生活，我们应当承担何种责任。一如所有的古希腊思想家，亚里士多德对这一观念并无意识，即人们具有不同的整全性人生观，政府应当尊重他们，给予他们做出人生选择的空间。亚里士多德认定，正确的道路是首先确定关于丰满人生的最佳叙述，接下来让人们有能力活出基于这一叙述的人生。

129

斯多葛主义纠正了第一种和第二种缺陷，但未能纠正第三种缺陷。斯多葛学派是古希腊罗马最有影响力的伦理和政治思想流派，可能也是整个西方传统中最有影响力的哲学流派。尤其是在罗马，它具有一种普遍的支配力，每一个受过教育的人，也包括许多没有受过教育的人，都在一定程度上得到斯多葛主义的指引。即便是基督教取代斯多葛主义成为罗马帝国的日常信条，这也是一种深受斯多葛主义影响的基督教，而且在欧洲基督教传统中，所有后起的西方思想都承载着斯多葛哲学理念的印记。（"自然法"理念是现代人权运动的主要根源之一，它首先是一种斯多葛学派的观念。中世纪的亚里士多德学派的思想家发展了这一理念，但是早期现代的新教思想家，如格劳秀斯［Grotius］和康德，都是直接阅读斯多葛学派的著述，从这个源头得出了有关国际义务和权益的理念。）

斯多葛学派告诉我们，每一个人，只是因为他是人，就有尊严并且应当得到尊重。我们有能力去感知伦理上的差别，并且进行伦理性的判断，这种所谓的"内心神灵"（god within）应当得到无限的尊重。伦理能力内在于所有的人，无论是男性还是女性、奴隶还是自由人、天生高贵者还是出身低微者、富人还是穷人。因此，无论我们在哪儿发现这一基本的人类能力，我们都应尊重它，这种尊重应当是平等的；而那些由社会造就的人为差异则应被看作琐碎的、无意义的。人性平等尊重的理念位居"自然法"的核心，即便我们身处实在法的国度以外，自然法也应当引导我们的道德法则。（在这之后，基督教有关人性平等的理念曾受到斯多葛主义的强烈影响，后来又与斯多葛学派的理念合流，强化了有关平等人类权益的理念。）

130

更为重要的是，斯多葛学派还将他们的理念付诸实践：他们发起了争取妇女平等教育的运动，而且他们的队伍中包括一名前奴隶（爱比克泰德 ［Epictetus］）、一名来自帝国边陲的外国人（出生在西班牙的塞内卡 ［Seneca］），以及多名女性（不幸的是，她们的著述没有留存下来），当然还有"新人"西塞罗（Cicero），他那并非统治贵族的出身是其著作中常见的主题。因为他们的思考并没有局限在城邦国家的高墙内，他们发展出了有关人性义务的复杂学说，包括战争期间的适当行为。这些理念在一定程度上塑造了国际法的现代奠基人，比如格劳秀斯、普芬道夫（Pufendorf）和康德。

人性尊严及其无限和平等价值的理念，是斯多葛主义对能力理论的主要贡献。这一理念意味着什么样的政治原则和行动？西塞罗和斯多葛学派认为，人性尊严不应该受制于他人的武断意志，永远不能被欺凌。因为人类有尊严，并不是纯粹的客体，所以不应像对待客体那样对待他们，未经其同意就摆布他们。而且，因为人性尊严是平等的，所以不应设定人类的等级和秩序，从而使一部分人可以对其他人施以暴政。

罗马人自身从这些理念中得出了许多不同的政治教益。西塞罗生活在罗马共和国的衰落期，作为共和制的热情捍卫者，他相信人性尊严要求共和政体，人们由此可以不经恣意暴政而统治自己。西塞罗曾据此为刺杀恺撒进行辩护，而且他为了守护共和国而甘愿以身犯险（最终为此牺牲）。（能力理论以多种方式吸收了西塞罗的见解。）还有很多罗马政治家都完全同意西塞罗的共和论，无论他们是否属于斯多葛学派，而发生在帝国初年的两次反帝运动都有斯多葛学派的根源。但是有一些罗马人相信，只有君主制才能终结内战的混乱。有些罗马晚期的斯多葛主义者认为，或者至少曾说过——因为言论自由在帝国统治下有所限制——一种相对负责任的君主制也是可以接受的。其中有一位斯多葛主义者，即马可·奥勒留（Marcus Aurelius），甚至同意被收养为嗣子，他自己成了皇帝。但是，帝国的历史证明西塞罗是正确的：君主制一旦确立就会转入一种恣意和压迫的轨道，没有什么可以阻挡这一趋势。因此有了历史的经验和教训，斯多葛学派的思想开始将自身与负责任的共和政体的理念结合在一起：只有在共和国内，人们才能活出人性尊严所要求的生活。

但是，斯多葛主义还包含一种恬淡风格的回应的根源，这表现为它关于人非脆弱的反亚里士多德理念。因为斯多葛学派告诉我们，尊严是最重要的，物质条件完全不重要，因此它可以主张，灵魂就内在而言总是自由的，无论制度在外部是否将其囚禁。一个鲜活的案例即可说明这一般性的理念，塞内卡曾有一封论述奴隶制的著名信件，他在信中要求奴隶主尊重他们的奴隶，将奴隶作为完整和平等的人加以对待；但是这封信并没有攻击奴隶制度，塞内卡认为奴隶制和一种内在的有尊严的自由生活并不冲突。之所以会得出如此荒诞的结论，并不是因为斯多葛学派放弃了其对平等价值的信念，而是因为他们否定了亚里士多德关于人性脆弱的思考：在一个人追求美好生活的奋斗过程中，外部条件实际上并不重要，因此法律和政府不是必须提供这些条件。

17 世纪与 18 世纪：自然法，人性脆弱

132   通常说来，17 世纪和 18 世纪有关"自然法"的思考——这是那些志在从政的人所接受的古典教育的核心——融合了亚里士多德和斯多葛主义的元素。虽然两者之间可以进行不同的理念组合，但是一种有吸引力和持久性的组合，同时可以与基督教主流信念和谐共处，就是要结合斯多葛学派关于人性平等价值的理念和亚里士多德关于人性脆弱的理念。尽管斯多葛学派有关灵魂承受力的理念有着持久的吸引力，但是亚里士多德的观点更符合常识，同时可由大多数人所要经历的死亡、衰老、战争的破坏予以确认。格劳秀斯、亚当·斯密、康德和美国的建国者，一方面接受了斯多葛学派的平等尊严理念，另一方面又转向亚里士多德，以理解人类如果要过上

美好的生活，所需要的来自外部世界的各种方式的帮助。

关于上述混合观念，罗杰·威廉斯（Roger Williams）曾进行了一次特别有趣的试验。威廉斯是一位受训于斯多葛学派自然法传统的英国古典学者，他后来移居美国，创建了罗得岛殖民地，宗教自由在这里第一次真正得到实现。威廉斯曾发表过论述良心自由的雄辩哲学著述，他认为良心是一种存在于所有人的平等尊严的根源（就此而言他追随着斯多葛学派），但是威廉斯在论述中同样主张，如果良心可以自我舒展而不必经受扭曲和压制，那么现实条件就是至关重要的（就此而言他追随着亚里士多德）。宗教自由追求的能力属于核心能力，而威廉斯的论著和政治实践有助于我们理解，此项能力需要什么样的政府支持。

18 世纪出现了一种对斯多葛学派的平等尊严理念的普遍迷恋。 *133* 这些理念影响到大西洋两岸的共和主义思想家，他们将共和主义的首要任务理解为防止宰制和等级制（这是斯多葛学派的语言）。但是大多数时候，这些理念在借来之时还混入了亚里士多德关于人之脆弱性的理解。因此，政府的任务就被理解为保护特定的核心人类能力，使能力得到发展并发挥作用。然而，就我们论述的目的而言，两个关键的文本已经足够，这两个文本各自有其重大意义，同时对美国建国有着高度的影响力。其中一个文本是亚当·斯密的《国富论》（*The Wealth of Nations*），这本书深刻影响了欧洲思想（例如康德）和美国建国。

亚当·斯密的著述充满斯多葛派的哲学，而斯密也期待他的读者可以同样沉浸在斯多葛主义的理念之中。但是因为亚当·斯密否定了斯多葛学派有关人性承受力的学说，他在此问题上转向亚里士多德，由此正确地发现了家庭、朋友以及丰满人生的多种物质条件的价值。

亚当·斯密认为，在他所处时代的英格兰，人类能力发展的一些障碍在于错误的、干扰性的法律限制，例如对贸易和劳动力自由流动的限制。在此类情形中，亚当·斯密要求解除管制，他也因此成为自由放任论者最爱引用的一位权威。但是，这种对斯密的解读显然是不充分的。对于亚当·斯密来说，试金石永远是下述问题，即何种形式的政府行动允许人类能力得到发展，人性平等受到尊重？当他认为政府行为禁锢了人类能力的发展时，他就支持减少政府行为——但是他当然清楚地知道，即便是取消法律也需要经过法律。因此，亚当·斯密支持取消学徒制，立法以限制垄断并且控制金融利益团体的游说，在斯密看来，游说使得公民对政治过程的影响力出现了严重的不平等，由此政府势必成为他所说的财富精英"常备军"的工具。亚当·斯密还支持取缔奴隶贸易，事实上他还出于这一原因发起过一项运动。斯密还对有利于工人的工资管制表现出至少一定程度的同情心。亚当·斯密还特别提出，所有工人都应当获得"普遍人性所要求的最低工资"，在他看来，这就意味着一种足以维持整个家庭的工资收入，可以供养一个妻子和多个子女，以确保有两个孩子可以活到成年。上述提议的证成既有效率的考量，也有正义的因素。亚当·斯密对平等尊重的关注还扩展至国界以外：他尽其所能反对殖民政策，认为殖民是一种对被殖民者的剥夺，让他们失去了政治自治和经济自主。

亚当·斯密为政府干预所作的最激进的辩护，可见于他在《国富论》中要求政府提供免费义务公立教育的论证——在斯密写作的时代，公立教育在苏格兰已经出现，但在英格兰却完全没有。斯密讨论的语境表现为一系列亚里士多德式的观察，关系到人类能力在工人阶级中间的荒废。斯密此前就已强调这一事实，即习惯和教育在塑造人类能力时发挥着一种深刻的作用：哲学家和街头搬运工在教育上有差异，但他们的人性并无二致，虽然前者的"虚华"并不这么认为。正因此，《国富论》有相当篇幅都旨在记录那些导致关键人类能力未能发展的因素。在这些因素中，有一些是身体性的。贫穷无益于生命和健康。有些国家太过贫穷，以至于它们不得不溺杀婴儿，遗弃老年人和病患者，任由他们为野兽所吞噬。即便在英国，亚当·斯密坚持认为，儿童的高死亡率也是工人阶级家庭的特色，那些更为富足的阶级很少出现这种现象。斯密曾指出："贫穷虽然不会阻止生育，却极其不利于孩子的养育。纤弱的幼苗生产出来，但是在如此寒冷的土壤里，在如此严酷的气候中，很快就会枯萎死亡。"亚当·斯密还曾在别处概括了上述观点：任何阶级如果不能从工资中获得供养，那么就将受困于"贫困、饥饿和死亡"。

135

前述章节显示出亚当·斯密已经突破了斯多葛主义，发展出一种亚里士多德式的关于人及其基本需求的叙述。斯密告诫他的读者，人性尊严并不是一种硬岩石那般的物体，它毋宁说是一株"纤弱的幼苗"，如果遇上寒冷的土壤和严酷的气候，幼苗就会枯萎。这就告诉我们，我们不能认为，物质产品的分配是无关人性尊严的，因为尊严最起码要求生命的存在，而孩子们的生命则处在这些物质安排的掌握中。

但是，正是在关于教育的长篇讨论中，亚当·斯密最充分地发展出有关人类尊严之脆弱的理念。斯密所面对的问题是：国家是否应当承担起民众教育的责任，如果答案为是，则应以何种方式提供教育。亚当·斯密在当时就已看到，新兴起的劳动分工，再加上普遍教育的缺乏，会产生一种对人类能力的恶性效果：

> 一个人将他的全部生命都用来执行一些简单的操作，而且操作的效果很可能总是相同的，或者非常接近于相同，他因此没有机会去运用理解力……因此，他自然会失去这种运用的习惯，通常会变得要多愚笨无知就多愚笨无知……有关祖国的伟大和普遍的利益，他完全没能力判断；而且除非有非常特定的苦痛压迫着他，他同样没有能力在战争中保卫国家……但是在每一个改良后的文明社会内，贫穷的劳动者，也是人民中的大多数所要投身其中的，正是国家，除非政府尽力阻止其发生。

亚当·斯密继续论证，当我们讨论那些并非赤贫的家庭时，危险还不算大，因为即便他们的孩子最终将进行一种单调的工作，通常也要等到他们接受完初级教育以后。此外，相对宽裕的人们通常不需要像穷人那样工作太长时间，因此他们可以拿出一部分时间，在一种并非其行当的知识或活动领域，去"完善他们自己"。因此，公共领域不需要太担心这部分人会失去人类能力。

但是普通民众不可能如此。他们没有什么时间以分配给教育。即便是在幼年时期，他们的父母通常也只能勉强养活他们。一等到他们可以去工作，他们就必须申请进入某一行当，由此维持他们的生活。通常说来，这种行业都是非常简单也非常单调的，因此不可能让理解力得到真正的锻炼；而与此同时，他们的劳动却是重复的和严苛的，他们因此没有闲暇和意愿再投身其他活动，甚至是思考其他活动。

没有教育，一个人的"心智就是残缺和畸形的，就好像另一个人生活在他的身体中，他因此失去了一些最基本的身体部件，或者无法对它们加以运用"。即便教育普通民众并不会导致国家的整体富强，"这一点还是应当得到关注，民众不应该完全没有教养"。

亚当·斯密在当时就指出，坏情形并不是不可避免的。斯密相信，没有国家可以确保全体公民享有富人家庭为子女提供的那种全面教育；但是苏格兰的例子表明，国家可以为所有人提供"最基本的教育"，要求他们学会阅读、写作和记账，然后才允许他们进入雇佣工作的职业。亚当·斯密接下来描述了一种在教区学校内的低成本义务教育的方案，在那里不会讲授诸如拉丁语此类的无用科目，而实用的科目如几何学和机械学，则将占有一席之地。

亚当·斯密在此得出的见解可以说是能力理论的核心理念：他认识到，人类来到世界上时，其能力处于一种初生的或未发展的形态，因此需要来自环境的支持——包括对身体健康，特别是对智力发展的支持——只有这样，它们才能以一种人性尊严所要求的方式成熟起来。

如同亚当·斯密所预期的英国读者，18世纪中叶的美国人也沉浸在古希腊，尤其是古罗马哲学的文本中（此外还有斯密本人的论著）。美国人关注平等人性尊严和平等权益的理念，而不是斯多葛学派没有希望的论述人性承受力的理念。美国人清楚地知道政府可以禁锢人类能力，因为他们曾经历过暴政之手。但美国人同样认识到，一组充分的人类能力不可能在真空中实现，政府有它要做的工作。美国的《独立宣言》就陈述了这一普遍存在的理念："我们认为以下真理是不证自明的，人人生而平等，造物主赋予他们若干不可让渡的权利，其中包括生命、自由和追求幸福的权利——为了保障这些权利，人类才在他们中间建立政府，政府的正当权力来自被统治者的同意。"《独立宣言》接下来指出，人们有权变革或废除任何未能完成前述任务的政府。此外，《独立宣言》对乔治三世的一项核心控诉就是他的**不作为**："他曾拒绝批准对公共利益最有益、最必要的法律。"

138

就此而言，认为美国建国者是自由放任论者或者"消极自由"的狂热信徒，这种观点可以说是大错特错。与亚当·斯密一样，美国的国父们知道他们不喜欢什么：暴虐的政府，压榨人民以换取自私精英们的支持，同时疏于照管人民的福利。但是，反对坏的政府并不是反对政府本身。建国者的政府观融合了斯多葛主义的平等和亚里士多德主义的需求，为了理解这一融合是如何发生的，我们可以细读当时最具影响力的思想家，托马斯·潘恩（Thomas Paine）的《人的权利》（*Rights of Man*）。

与美国建国时代的其他知识分子一样，潘恩不喜欢他所看到的大量政府行为：欧洲的君主制和贵族制政府，一贯为了少数人的利益而剥削普通民众。潘恩指出，政府的根基存在于人类的自然权利，政府的适当目标在于"所有人的福祉、每一个人的福祉"。但是现存政府并没有追求这一目标。实际上，政府的一举一动都是在社会更贫穷的阶级中"制造和加重苦难"。《人的权利》中有一专章，名为"改进欧洲现状的方法和手段"，潘恩在该章中要求从根本上变革政府行为和税制。税收不能再是累退制，而要改为累进制。穷人不需要交税，同时剥夺精英们逃避税负的权力。（潘恩曾严厉批评道："所谓的国王是什么"，不过是"每年一百万英镑的名义职位，它的业务就是收受金钱"。）潘恩提出了一个累进税制的详细方案，起征点的税率是每英镑征收三个便士，在此基础上税率快速累进，如果收入超过一定水平，其税率将为一英镑征收二十个先令，这就是 100%！（潘恩在这时就已经领先于最严苛的瑞典。）

由此获得的收益可用以资助人类能力，首先在以下三个领域：青年人、老年人和失业者。与亚当·斯密一样，潘恩赞成由国家提供的初级义务教育："在一个行为规范的政府统治下，国家必须让每个人都受到教育。只有君主制和贵族制的政府才为了维持其存在而要求无知。"潘恩还指出，年轻人之所以经常犯罪，是因为他们从未接受过教育，工作机会也因此对他们关上大门，潘恩由此认定政府的不作为应当对此负责："在那些被称为文明的国家内，当我们看到老人走向工厂，年轻人走向绞刑架，政府体制必定出了某种错。"潘恩继续写道："公民政府并不存在于死刑中；而在于为年轻人提供教育，为老年人提供支持，从而尽可能地祛除年轻人的放荡和老年人的绝望。不如是的话，国家的资源将浪费在国王、朝堂、佞臣、骗子和妓女身上。"潘恩计算出英格兰穷人的大部分或者是儿童，或者是 50 岁以上的人，他因此提议，自税收盈余中为贫穷

139

140

家庭提供每年四英镑的现金补贴，补贴条件是儿童入校读书。潘恩指出，通过这一方式，"父母的贫困将得到缓解，新生一代的无知将被驱逐，而穷人的数量也将因此减少，因为穷人的能力经过教育的支持会变得更强"。穷人因此会得到他们现在可望而不可即的工作机会。对于不那么贫困的家庭，潘恩提出了一种儿童在学校的补贴，包括学校日用品的购置。潘恩还建议向 60 岁以上的老人提供慷慨的现金补贴。潘恩反复强调："这一支持就其性质而言不是一种慈善，而是一种权利。"政府应承担起维持公民之生命周期的职责。关于这一点，潘恩还增加了一项有关公共工程项目的提议，目的在于减少失业。根据潘恩的理论，在支持基本人类福利的领域内可以多一些政府治理，而在精英自肥的领域内就应当少一些政府治理。

我们研习这一段历史就可发现，能力理论的基本理念，包括政府为基本人类福利提供支持的重要性，并不是近期的发明，它们也并不只是欧洲风格的社会民主国家的产物。无论在欧洲还是北美，它们都内在于主流的自由启蒙思想。对于能力理论的基本证成来说，这一点只具有辅助意义，因为我们不可能由哲学权威出发展开论证。但面对我们经常会听到的攻击，认为能力理论仅适用于非西方的发展中国家，或者能力理论是外在于美国传统的，我们就学会了如何回应。更重要的是，我们可以坚定对我们所提出的建议的信心，因为我们可以发现，在彼此相对独立的条件下（只能是相对的，至少美国的一些建国者，特别是詹姆斯·麦迪逊 [James Madison]，熟悉亚当·斯密的著作），来自世界不同地域的思想家已经不断发展出相似的理念，作为解决长久存在的人类难题的方案，而我们可以从这些历史方案的细节中汲取理论的灵感。

19 世纪与 20 世纪：能力理论反对效用主义和自由放任主义

能力理论绝不是一种仅适应于前工业社会的方案，它在现代社会还看到了一些最引人注目的政治运用。在现代社会中，工业发展已经导致了对儿童和成年人能力的新威胁（前者在未成年时就被送往工厂做童工；后者必须在危险和繁重的条件下劳动，而没有谈判新工作合同的手段）。与此同时，现代社会还兴起了一种新的意识，认识到基于种族、性别和身体状况的传统歧视会造成人类发展的障碍，所有这些都是近来能力分析的焦点问题。

19 世纪的英国提前展现了当代美国关于人类能力的讨论：首先是约翰·密尔（1806—1873）的著作，密尔阐释了政治自由和人类自我发展的关系，展示出歧视对妇女的机会和能力所造成的伤害。（密尔认为，歧视性的婚姻法律体制所施加的制约就是一种奴隶制。作为英国议会的成员，密尔引入了第一部妇女选举权法案。）密尔深刻影响了美国人对自由的理解，他的性别理念终其一生都未能在英国本土得到关注，却促成了许多国家的妇女运动。

密尔去世后不久，英国自由党的理论顾问，哲学教授格林（1836—1882）就提出了一种更全面地运用人类能力理念的学说。 *142*

格林以亚里士多德的理念批判了效用主义和放任自由主义（它们在那时已经取得了相当大的政治影响力），格林认为，保护人类自由的正确方式是创造条件，使各种类型的人在此环境内都可得到来自社会的充分保护，因而有能力进行广泛的选择。格林利用他的影响力支持了许多立法，内容涉及免费公共义务教育、工作场所的安全管制、劳动时间的限制、禁止童工、限制地主与佃农订立合同的类型。格林主张，上述对契约自由的限制，其根据可以追溯至"社会成员自我完善的普遍自由，这是公民社会所要保证的目标"。格林支持妇女的平等教育，但他不支持妇女的选举权，在这一点上落后于密尔。虽然格林英年早逝，但是他长寿的信徒欧内斯特·巴克（1874—1960）延续了他的工作。巴克教授供职剑桥大学多年，在许多国家都播下了格林理论的种子，因为剑桥在当时是许多国家的研究生心中的圣地。巴克既是一位研究古希腊思想的杰出学者，同时又是一位当代理论家，他的理论清楚地表现出亚里士多德的谱系。与在英国一样，这些理念在美国也主要在新政和"伟大社会"时代通过立法得到推进，包括保护工人权利的立法，建立义务教育的立法，促进贫困儿童教育的立法，以及保护脆弱的少数群体免受歧视的立法。

第八章 能力与当代议题

能力理论以其独特的方法处理当下社会和政治理论所面对的诸 多难题。在一系列的领域内，能力理论正在进行着前沿的研究工作。类型化的描述必然只能是表面的，但是它们可以表明，能力理论的方法预示了一种新的、相对统一的视角，由此出发去观察那些经常被割裂开来的问题。本章所选择的案例类型在一定程度上具有随意性，我们当然也可以去讨论其他的议题。（此刻我就可以想到三个：移民权利、互联网和全球变暖。）

劣　势

在发展经济学内部，围绕以何种方式去思考贫穷和劣势有一种由来已久的辩论。阿玛蒂亚·森长期以来都主张，贫穷最好被理解为能力的失败，而不只是物品或者收入和财富的短缺。贫穷包含着多种多样的机会失败，它们并不总与收入相互关联；除此之外，社会内的边缘群体很难将收入转化为现实的运作，就此而言，收入甚至算不上一种准确的能力指标。总体上看，收入是一种相对于目标的手段，而能力才是目标。

在通过收入来测度贫穷时，一个具体的困难就在于可获得的收入指标均是以家庭为单位的；因此，以收入作为指标就有可能忽视了在营养、健康保险以及其他贫困问题上的性别偏差。相比之下，从能力失败去观察贫穷是在关注每一个人的行动方式，由此显现出家庭内部的分配不平等。能力理论还肯定地要求，收入统计应当承认无工资报酬的家务劳动的价值，这是在评估相对劣势时的另一项关键议题。

阿玛蒂亚·森有关能力失败的论述来自为他赢得诺贝尔奖的饥荒研究，他在饥荒研究中强调指出，饥荒的起因不仅是食物的短缺，而且是没有机会去获得一个人所需的物品（比如因为失业）。因此，饥荒的救济就不能只是提供食品救援或分发，真正的解决之道是要提供就业机会，保障获得关键产品的其他权益根源，从而解决脆弱群体的能力失败问题。上述普遍观点已经成为没有争议的主流分析。

基于能力失败而对劣势问题展开更一般性的思考，这一步虽说是顺理成章的，却每每无法迈出，这部分是因为学者们仍习惯于在生活的诸元素之间进行加总的模式，正如他们习惯以收入和财富为指标去判断人们是否具有不同的生活机会。在《劣势》这本书中，沃尔夫和德夏利特强烈反对将生活的所有元素通约为一元化的数字尺度。他们展示出，任何一种在生活的多种元素之间进行加总的方法，在我们描述弱势团体的境况并提出改善该境况的策略时，必定会遗漏至关重要的考量。两位研究者认为，劣势有着不可通约的多元性，其不同面向的差异在很大程度上既是彼此独立的，同时又是独立于收入和财富的。这一主张有着阿玛蒂亚·森论述的精神，但是它更为具体，结构也更为复杂，所以有可能会说服那些森未能说服的人。沃尔夫和德夏利特还进一步具体展示出，收入和财富为什么不是相对劣势的准确指标。

145

　　沃尔夫和德夏利特还以两种方式扩展了能力理论，这也关系到以上对劣势问题的一般性分析。第一，他们提出，不仅应关注关键能力是存在还是缺失，而且要关注它们的**安全**。民众所需的不只是一种今天的能力，而且还要有安全的期待，即这种能力明天还在。劣势的一个突出面向即在于，即便一个团体可能获得一种能力（比如雇佣机会），该能力的持有也是非常不安全的。第二，虽然沃尔夫和德夏利特依然相信每一种能力都有其意义，但是他们同时也认为，应当去研究劣势是如何聚合的，这是指一种劣势会导致另一种劣势（腐蚀性劣势），同时去研究有些能力是如何孵化出其他能力的。

　　一种特定能力的孵化力和一种特定能力失败的腐蚀力，这些都是经验问题，问题的答案很可能因时因地而有不同，也可能因为劣势团体的具体问题而有不同。但通常来说，这里的不同所指的只是有些妇女享有孵化性能力的能力安全，而不是说这种能力本身没有孵化性。对于瓦莎蒂以及许多贫穷妇女来说，贷款机会是有孵化力 *146* 的，它打开了通向工作、身体健全和政治参与的通道。我们可以认为，对于那些享有充分教育并且有过正式工作经验的女性来说，信贷并没有那么重要，她们在这一问题上没有太多的担忧；但是实际上，信贷对许多妇女来说都是一项主要议题，尤其是有些已婚女性无法进入市场工作，现在却正走向婚姻的终点。我们可以确定，家庭暴力在全世界都是腐蚀性的，同时很少妇女可以享有此方面的充分能力安全。沃尔夫和德夏利特的研究还发现，归属——生活在支持性和相互尊重的关系内——在他们两人的国家内都有特别的孵化力，而且我们也有理由判定，这在世界别处很可能也是如此：孤立使得人们难以取得任何成绩。

性　别

在阿玛蒂亚·森和我的工作中，能力理论关注妇女不平等。（这一种关切的起源可以追溯至一些历史先辈，诸如斯多葛主义者、亚当·斯密、密尔和格林。）有两种不同的理由可以用来说明这一关切。第一，这些问题有其巨大的内在意义。世界各地的妇女在许多方面都是不平等的，而这就构成了一种严肃的正义问题。它还是一种发展问题，因为否认女性的机会实际上制约了许多国家的生产力。

第二，这些问题还是一种理论的试金石，它们生动地说明了为什么主流的发展方法（GNP 的方法、效用主义的方法）都是不充分的，以及为什么能力理论可以做得更好。在哲学意义上，观察这些问题就可以发现古典自由传统的一些缺陷，这种传统经常将家庭设定为一种"私人领域"，形成了社会正义的禁区。（约翰·密尔曾经指出，这一变动在古典自由主义内部也构成了一种冲突，并不是它的自然产物，因为自由主义的核心是相信所有人的平等自由和机会。放任家庭不经批判而存在就是任由一种封建等级制的部分不经批判而存在，而自由主义正是要颠覆所有以出生或身份为基础的等级制。）

在《妇女与人类发展》这本书中，我曾详尽论证，为什么发展领域内其他可选择的方法，特别是效用主义甚至复杂的知情—欲望理论，事实上都不能充分应对妇女的不平等。我在书中还指出，未经批判地坚持传统可能会制造妇女平等道路上的障碍。宗教并不总是向后看的；如果宗教确实是向后看的，它通常会与长期存在的文化传统联合在一起。但是，由于宗教是一种应当得到国家保护和关切的生活领域，所以当某些宗教要求可能有违性别平等的要求时，宗教经常成为制造两难困境的根源。我在书中提出了解决此类困境的理论方案——主张宗教活动自由应享有充分的空间，甚至基于宗教理由的"调和"也要有充分的空间，但是核心能力的保护总是可以被认定为一种"有说服力的国家利益"，从而可以证成向宗教自由活动施以负担的行为（也可参见我的《良心自由》）。印度宪法完全禁止了"不可接触者"的惯例，这是传统印度教的一个核心内

容。对于一些人来说，这可能是一种负担，但正如甘地所言，国家
148 要根除歧视的利益已经完全证成了这一负担。同样在美国，鲍勃·
琼斯大学因为禁止不同种族的约会而丧失了税收豁免的地位。美国
最高法院判定，根除种族主义构成了一种有说服力的国家利益，它
证成了对这一基督教福音派团体施加财政负担的行为。

　　家庭隐私的领域也面临着类似的困境。即便我们同意，没有什
么人类生活的领域是"私人的"，意指免受法律的管制，我们还是
应当承认，自由的人类生活需要空间去保护私密性的结合，保护父
母对子女的决策权。有一些议题是或者应当是简单的：我们都应同
意，国家应该积极监管家庭暴力和对儿童的性虐待；我们都会同
意，儿童婚姻应当是非法的，婚姻的同意应该得到仔细的保护；我
们可能同意，义务性的初级和中级教育是国家限制父母自治权的重
要方式（例如，选择让孩子去做童工）；我们还可能同意，教育应
该教给女孩大量的技能，让她们可以选择退出女性的传统角色，同
时，她们作为公民的充分平等以及有效政治参与所必需的技能应该
得到坚定的保障。还有一些自由的领域提出了更困难的问题，例
如，父母在多大程度上享有在家教育子女的权力，这种教育模式很
难充分表达出平等的信息。在印度，有些妇女组织挑战了传统的角
色，同时传递出一种有关自治和平等的信息，而实践理性和归属
（友谊和政治参与）能力所具有的政治意义，看起来已经证成了政
府对此类组织的支持。

　　我正在进行的有关性倾向的研究也关系到人类能力的理念，尤
其是考虑到基于性倾向的歧视经常表达了污名化，并强化了有些人

还不能完全平等这一观念。从能力目录的视角去思考性倾向的议题，不仅可以让我们追求那些形式上公正的政策，即同样情况同样对待，还可以让我们更进一步，找到等级制和恶意歧视的根源，如果有些制度设计传达出政府对此类不平等根源的认同，我们就反对这些制度。在有些人看来，禁止种族间通婚的法律在形式上是公平的，因为这种法律平等对待了两个种族：黑人不能与白人结婚，但白人也不能与黑人结婚。但是美国最高法院判定，此类法律传达出一种有关侮辱和低贱的信息，禁止同性婚姻的法律同样如此。此类法律有时候被辩护为国家对管制婚姻的权力的正当行使——这也曾是各州为它们禁止种族间通婚的法律提出的辩护。但是上述两种法律存在着同样的不公正，它们都传达出一种有关侮辱和低贱的信息。公民联姻（civil union）也不能成为一种充分的救济。如果美国各州提出一种作为独立法律范畴的"跨种族联姻"，但同时仍禁止种族间伴侣结婚，我们就可以看到，这样一种制度安排非但没有终结侮辱和等级制，反倒是强化了它们。

残疾、老龄与关爱的意义

如何推进各种各样身体或智力残疾人士的能力，这是现代社会刚开始面对的一个紧要的正义问题。在平等尊重的基础上将这部分人包括进来，不仅要求实践中的变革，还要有理论上的变化。正如妇女完全成为政治正义的对象必定会提出此前未曾提出的问题（关

150 于家庭内部的正义），如要公正地对待残疾人士的主张，同样必须挑战古典自由主义的一种基本理念，这就是社会合作的目标和存在理由就是互惠互利，利益在这里应作狭义的经济意义上的理解。整个社会契约的理念包含着这样一种假定，也正是基于这一原因，社会契约传统中的诸理论在理论结构中都将残疾问题推延到后一阶段，发生在社会基本制度得以选定之后。但是残疾人士是平等的，因此在设计任何一种社会合作的方案时，从一开始就必须把他们考虑在内。要证明社会契约传统内的理论不可能通过小修小补去回应这一挑战，这不是三言两语可以完成的，而这一任务构成了《正义的前沿》这本书的主要内容，因此在这里不可能给出全面的概括。此处仅需指出，将残疾人士纳入进来并且培育他们的人类能力，这一任务需要一种关于社会合作以及合作背后之人性动机的新叙述，这一叙述应围绕着仁慈和利他主义，而不只是互惠互利。

现在我们知道，经典社会契约传统中的多数理论家并不认为人主要是自私的。（托马斯·霍布斯［Thomas Hobbes］及其现代追随者戴维·高蒂尔［David Gauthier］确有上述判断，但他们是例外。）之所以设定互惠互利是契约缔结各方的目标，原因在于理论简约的要求：如果在弱假定的基础上就能生成一种公正社会（换言之，无须预设利他主义或美德，只需一种低得多的标准），这本身就是有意义的，而且在可以推演出结论的诸前提中，我们永远要选择最弱的前提，而不要让理论建立在更厚重或者更有争议的前提上。如果理论在强条件无法满足时仍然有效，这是有助于理论成立 *151* 的。罗尔斯曾明确讲过，这就是他的策略。洛克在他的理论基础中吸收了仁慈，因此他的理论在一定意义上是弱于罗尔斯的：他的理论仅在特定情形内有效，这种情形可能出现，也有可能不出现。我的理论实际上重新回到洛克更丰满的出发点，这是因为我相信我们需要这种更充分的前提，所得出的结论才能充分包容与支持残疾人士。此处应当承认，运用更厚重、更具争议的前提，也就是要求一种适度的社会性和利他主义，这就会造成理论的压力，不仅要证明理论适宜于一种真实人性的共同体，而且要找到机制去教育那些可以回应理论要求的人士。我目前对政治动机和情感问题的关注就是这一压力的自然结果。

无能力问题是一个大问题，因为"残疾人"终生难以摆脱的认知或身体障碍，在性质和程度上都接近"正常人"在年老体衰时所经历的失能力（disabilities）。随着人们的预期寿命越来越长，每一个国家都将面临一种迅速发展的失能力问题。有些时候，残疾人的一辈子可能还比不上"正常"人生命周期的失能力阶段。因此，失能力是一个大问题，它影响到每一个社会的几乎每一个家庭。

上述问题的一个面向就是要在平等尊重的基础上为无能力人士提供能力支持。如要将此类人士作为完全平等者加以对待，这将要求什么样的社会和经济支持，什么形式的工作调整，什么类型的公民和政治权利？当前学术的一个领域就在关注这一组问题。

另一个关键面向是考虑关爱工作。无能力与童年一样，需要大量的人力投入关爱工作。目前，这种工作主要是由女性完成的，其中大部分又是没有工资收入的，好像这就是爱心的自然要求。因此，关爱劳动是性别不平等的一个主要根源，而妇女在家庭内的工

152

作也束缚了她们在其他领域内的生活。解决这一问题也要从多方面入手：公共领域应当支持家庭和医疗假期以及在家护理工作，而国家的健康计划也应当找到一种合理的方法，来处理临终关爱服务这一政治上复杂的议题。工作场所应当变得更具灵活性，必须认识到女性和男性在家庭内部所面对的需求：灵活的工作安排、远距离工作以及其他形式的调整。最后，应当发展出在女性和男性之间更强的互动，而社会也需要新的男子气概观，不再把为年迈父母洗身体此类行为看成无男子气的表现。

教　育

　　能力理论从一开始就关注教育的重要性。教育（学校内的，家庭内的，由非政府组织所经营的儿童或成人发展的项目内的）将人们的现有能力培育成多种类型的发展后的**内在能力**。这一培育本身就是有价值的，是一种终身满足的根源。它还塑造着许多其他人类能力的发展和实践：在解决劣势和不平等的问题时，教育是最重要的"孵化性运作"。人们即便只接受了基本教育，也能大大增加他们的工作选择、政治参与机会，以及在地方、国家乃至全球范围内与其他人进行卓有成效的沟通的能力。例如，妇女如果识字，就能够与处于相同处境的女性进行政治交流，她们因此不再孤立无援。
153　而且，这些优势还会带来其他优势：因为教育可以带来工作选择和政治权力，因此提升了妇女在家庭内的谈判地位，例如，让女性可以更坚强地面对威胁和暴力，如果不能成功地带来必要的改变，她就可以离开家庭。因为教育改变了家庭内部的权力结构，它还有可能导向家庭劳动以及闲暇时间的更公正分配。当然，其他提升女性能力的干预（例如，信贷和财产权）同样具有孵化性，但是，在过去两个世纪国家为促进人类平等所进行的诸多努力中，教育看起来确实有其特定的显著意义。

印度宪法已经授予教育以个人基本权利的地位。莫西尼·贾因诉卡纳塔克邦（Mohini Jain v. State of Karnataka）是催生相关宪法修正案的关键判例之一，印度最高法院在该案中指出："人的尊严是不可侵犯的……而生成人的尊严的主要是教育。"教育权被认定为"有尊严地享受生活"所必需的，而且包含着"人格的充分发展"（此处引用了《世界人权宣言》）。在另一个有关教育权的关键案例昂尼克里斯纳诉安得拉邦（Unnikrishnan v. State of Andhra Pradesh）中，最高法院写道："教育权直接来自生命权，它与个人尊严息息相关。"

在美国，虽然有些州的宪法写入了教育权，但教育从未成为一种国家层面上的基本权利。然而在联邦的宪法中，教育确实具有一种特殊地位。普莱尔诉多伊（Plyler v. Doe）是一个有关教育权的关键判例，此案起因于一部拒绝向非法移民的子女提供教育的法律，美国最高法院在主张教育的意义时运用了能力理论的语言。关于教育的讨论始于人人平等这一基本观念："平等保护条款的意图是要废除所有基于种姓以及基于阶级的恶意立法。"法院的多数意见接下来写道，公立教育"是至关重要的，它维系着我们的社会结构，守护着我们的政治和文化遗产"，教育的剥夺"难以估量地损害了个人的社会、经济、文化和心理福利，埋下了个人成就道路上的一道路障"。这些论点在法院意见中得到了充分阐释。"如果我们想要保存自由和独立"，我们必须要有教育，"否则公民就无法有效并且有益地参与到我们开放的政治系统中"。对于个人机会和自我发展来说，教育是非常关键的："文盲是一种持久的无能力。一个人如果从未有机会接受基础教育，没有读与写的能力，那么其生命中的每一天都如同残疾。因为教育的贫乏会对个人的社会、经济、智识和心理福利造成难以估量的损害，并且会造成对个人成就的障碍，因此，在平等保护条款所包含的平等框架内，不可能向基于身份而否决基础教育的原则或附带成本的做法做出妥协。"法院意见实际上已经指出，鉴于教育在保障人的发展和机会中的核心角色，平等的教育权利是内在于人性平等尊严中的。

因此，在印度和美国，也包括许多其他的国家，教育被认为是与人性尊严、平等和机会息息相关的。如果这些关联确实像它们看起来那样是合理的，那么教育在能力理论中就应当具有一种关键的角色。

因此，人类发展指数所包含的指标就选择了教育和预期寿命，此举鼓励所有国家将教育成绩视为国家成就的最关键因素之一。阿玛蒂亚·森对教育进步的强烈信念可见于这一事实：他用全部的诺贝尔奖奖金设立了一个信托基金（即普拉提齐基金［Pratichi Trust］，得名于森的母亲在桑蒂尼喀坦［Santiniketan］的房子，这也是泰戈尔创建其著名学校的小镇），目的是研究和推进他的家乡西孟加拉邦的教育。普拉提齐基金会是一家研究组织，而不是政策制定的分支，但是它的报告就该邦教育缺口提出严正警告，这让全国乃至全世界都关注到地方政府的失败。具体而言，报告强调了许多腐败做法，诸如教师旷课和"私人学费"（教师在放学后指导富裕的学生，以此收取指导费用），现在已经催生了一些改革的行动：此前消极怠工的教师工会现在已经表态反对这些做法。

此类干预的重点在于基础的读写和算术，这是容易理解的，同时在一定程度上也是正确的。我们当然可以认为，当这些技能不具备时，许多机会的大门会因此而关闭。但重要的是，我们对教育和能力的分析不能只局限在这些技能上。为了人性发展的真正教育所要求的要多得多。眼下，多数现代国家都在追逐国家经济利益，急于在全球市场中拿下或保持一定份额，因此它们愈发关注那些狭义的可市场化的技能，这类技能被认为有可能产生短期的经济收益。而那些与人文和艺术相关的技艺——批判性思考、想象的能力，以及对世界历史和当下全球经济秩序的把握——对于培养负责任的民主社会公民、催生一系列人们日后更愿意选择行使的能力，也是十分重要的。能力理论的工作者应当仔细探讨有关教学法的议题，追问学习的材料以及课堂互动的性质（例如，批判性思考所承担的角色、在日常学习中想象所承担的角色）如何实现内在于能力理论的目标，尤其是那些关乎公民身份的目标。（当然，面向公民的教育不只是为了那些所居国家的公民，合法和非法移民的子女同样有获得教育的权利，以培育那些为公民所准备的成年人能力。）

在教育这个领域内，我们不必坚持通常要求的对选择的尊重，

156

我们可以建议政府规定孩子们的运作，而不只是能力。为什么教育的情况与大多数不同？这种不同仅出现在我们思考儿童教育的时候，儿童的选择能力还不成熟，他们可能面临来自父母的压力，例如希望他们外出工作而不是学习，因为他们在经济上要依靠父母，所以没有什么退出的选择。教育是一种如此核心的因素，开启各种各样的成年人能力，就此而言，后儿童期的能力扩展就证成了在儿童阶段对教育的强制要求。因此在事关儿童时，国家对公民未来能力的承诺，再加上拥有有知识、有能力的公民给国家带来的巨大利益，凡此种种都证成了一种积极的方法：至少在 16 周岁前推行强制性的初级和中级教育，在此之后则是对高等教育的充分支持和鼓励。（在有关健康和身体健全等领域内，儿童同样受到不对称的对待：较之于成年人，我们在未成年人的情形内应当允许对个人或父母选择的更多限制。）当我们面对那些想要更多教育的成年人时，说服是正确的方法。

157　　良好的教育需要对语境、历史，以及文化和经济环境的敏锐感受力。因此，有关教育的大量卓越工作，比如普拉提齐基金会的研究，必须保持高度的具体性，关注本地议题。相比之下，如何培育可以各种方式自由参与生活的青年人，这一目标在全世界范围内已被研究了数百年之久，而且来自许多不同国家的杰出教育理论家也有着相互间的交流（例如印度的泰戈尔、意大利的玛利娅·蒙台梭利［Maria Montessori］和英国的里奥纳多·埃尔姆赫斯特［Leonard Elmhirst］）。因此，我们可以合理地认为，在教育领域以及更一般意义上的能力理论内，一种跨文化的对话可以产生出一般性的原则，然后将在每一个国家和地区得到灵活的执行。

动物权益

任何一种基于促进能力理念的理论都必须做出一个根本的决断：谁的能力才能得到计算？大概每一位能力理论的支持者都会认为，所有人类都要得到计算，而且是平等的计算。在此以外，我们还可以采取下述五种基本立场：

1. 只有人类的能力才能作为目的而得到计算，当然，其他的能力如有助于人类能力则具有工具意义上的价值。

2. 人类的能力是主要的关注，但既然人类与人类以外的生物结成了相互关系，这些生物就可能进入对所要推进目标的描述，不只作为手段，而且作为具有内在价值关系的成员。

3. 所有有感知力的生物的能力都应作为目的而得到计算，而且它们都应该获得超过某一具体底线的能力。

4. 所有有生命的机体（包括植物）的能力都应得到计算，但是作为单个的实体，而不是生态系统的组成部分。

5. 应当摒弃上述1～4的个人主义：系统的能力（特别是生态系统，但也包括物种）才能作为目的而得到计算。

那些有志于能力理论的学者可能采取上述任何一种立场，我也期待着他们之间可以展开一场激烈的辩论。阿玛蒂亚·森并未就这些议题表示其一般性的立场，但是他确实关注动物福利和环境质量。在《妇女与人类发展》这本书中，我采取的是第二种立场：人类与其他物种以及自然世界的关系构成了一种人类能力，但其他实体在这里不只有工具意义，还因作为上述关系的组成部分而得到计算。第二种立场是一种游走在第一种立场与第三种立场或第四种立场之间的折中，前者的辩护者多是那些深切关注人类苦难的人士，而后者的辩护者则是那些同样关注人类以外物种的福祉的人士。

在《正义的前沿》中，我论证的是第三种立场，至少在论述社会正义的问题时是如此。我在该书中论证，社会正义的理念在本质上关联着至少最低程度的感知力（特别是可体验痛苦的能力），同时也关联着与此相应的斗争能力以及某种类型的行动力。从直觉意义上看，动物会承受不正义与人类会承受不正义同样是合乎情理的理念：两类主体都能体验痛苦和伤害，都在努力地生活和活动着，而这些都是可以被错误限制的计划。至少在我看来，正义理念在概念上关联着所体验的伤害和威胁。因此，至少对我而言，一棵树会遭受不正义，这看起来是一种怪异的说法——虽然我也承认，我们可以提出其他的道德理由或者无涉道德的理由，证明不应当去毁坏一棵树。同样，生态系统也并非一种体验的主体，它没有一种生命规划或者斗争，因此指出一种生态系统正在承受**不正义**，这听起来也是一种奇怪的说法，虽然生态系统确实会遭到许多类型的破坏，虽然确实会有道德的和无涉道德的（智识的、科学的、经济的）理据要求关注生态破坏。此类直觉是难以清晰表述的，只有时间以及将来的辩论才能更清楚地描绘这一复杂的论域。但是动物不仅能体会痛苦，也会承受不正义，这看起来是确定的。

　　前文的论证表明，在涉及正义问题时，活着的个体，而非物种，才是关注的核心。物种对于个体的健康可能具有工具性的意义，它们还可能会有审美的、智识的或其他类型的伦理意义，但我们不应认为一个物种的灭绝是一种**不正义**——除非这一判断基于下述事实，即物种的灭绝通常是由于对物种单个成员的错误伤害。

　　如此看来，能力理论非常适合去处理动物所承受的出自人类之手的错误。效用主义已经在这一领域做出了重要的贡献，但此类理论的一般性缺陷——它在不同生活以及生活的不同元素之间的加总，它对适应性偏好问题的忽视——在这一领域内同样构成了理论的短板。虽然彼得·辛格（Peter Singer）这些坚定的效用主义者通常会主张，效用主义的计算将禁止我们对动物施加痛苦，但这是一个经验性的问题，因为人类从食品工业中获得了大量愉悦（和工作机会）。正如效用主义者对奴隶制的处理，整个体面对待的问题 *160* 都建立在一个太过脆弱的经验性基础之上。当然，效用主义的理论允许了为人类的福祉而对少数动物施以残酷的虐待。而关于在不同生活之间的加总，动物所追求的不仅是避免痛苦，还有包含许多不同成分的生活，包括运动、友谊，以及荣誉或尊严。如此看来，我们应当理解这些元素中每一个所特有的意义。最后，效用主义还要面对量化的难题。如果效用主义考虑的不是平均而是总体效用，那么根据这一理论，大量生物被带入一个悲惨生活的世界（但刚好不低于不值得生活下去的水准）是可以得到证成的，因为这是一种增进世界总体福利的方法。食品工业所做的正是这样的事情，我们之所以反对食品工业，是因为我们认为，向任何生物施加一种痛苦生活都是错误的,即便那种生活仅仅是勉强值得活下去而已。

在更一般的意义上,能力理论将动物视为行动者,而不是愉悦或者痛苦的容器。通过这一深层的概念性区分,能力理论可以发展出一种更适切的对动物斗争和动物活动的尊重。

就此而言,能力理论承认边沁、密尔、彼得·辛格等效用主义者对动物待遇辩论的贡献,但同时也认定一种不同的理论可以做得更好。至于康德传统内的诸理论,虽然康德本人就动物福利的问题未能给出有价值的论述(康德认为,不要残忍对待动物的唯一理由就是它会促进我们不去残酷地对待人类),哲学家克里斯蒂娜·科尔斯戈德(Christine Korsgaard)近期已经证明,一种植根于康德传统的理论可以产生能力理论所要求的许多同样的结果。这一理念可表述如下:根据康德的理论,我们所要促进的不仅是我们自己的行动力,而且还包括我们自身动物性的某些面向,它们内在于我们在世界上斗争和行动的种种方式之中,简言之就是我们的动物本性。但是,如果我们一方面表现出对我们自身的动物性的尊重,另一方面又未能以同样的尊重去对待我们的同胞生物,这就是前后矛盾的,是康德主义者尤其反对的那种恶性自我推进。我个人并不支持科尔斯戈德理论所包含的那种人类中心主义:在她看来,正是因为**我们**的某些地方以及动物与**我们**的相似性,我们才应该去尊重动物,而不是因为**它们**本身。科尔斯戈德在这里还必须回答,她的康德主义行动观在何种程度上可以成为一个多元社会内的政治原则的基础。(科尔斯戈德本人并未提出这一问题,因为她所建构的是一种伦理观,而非政治观。)但是,我对我们两种立场的详细比较的

"结果"是，这两种立场是非常类似的，也得出了类似的结论。

这些结论是什么？首先，我们必须修正能力理论，使它适合动物权益的目标。我们应当扩展**尊严**的概念，因为我们现在所讨论的不只是符合人性尊严的生活，而且是有关各种有感知力的生物的尊严的生活。不同于前述的康德主义理论，它们认为善待动物的义务根源于维护我们自身人格中的动物性的义务，能力理论认为每一种动物都自有一种尊严，而尊重动物尊严的义务并非根源于对我们自己的义务。虽然正如在人类的情形中，义务首先也主要是对个体的义务，但是我们应当去理解物种所具有的特定的生活形式。能力目录在适当扩展后仍包括我们应该关注的主要项目，但是我们应该关注每一物种的生活形式，为每一物种提供基于该物种生活形式的生存和行动机会。虽然在物种具有选择能力时应推动它们的选择，但是在动物的情形中，我们可以更多地关注运作（一种体贴的家长主义）。 *162*

有一种理念认为我们不应去干涉那些生存在"野外"的动物，在当今世界，我们应当摒弃这种天真烂漫的自然主义。人类活动已经普遍地影响到每一处动植物的栖息地，如果佯装非洲的大象还生活在"野外"，这只不过是在回避人类计划早已侵入它们的栖息地的事实。而且，如要它们过上一种良好的生活，唯一的方法就是继续干预，但是明智的而不是愚蠢的干预。（一种干预自然的方式看起来很关键，这就是动物避孕。对于动物而言，这就意味着要修改能力目录中的生育选择。虽然第一要务是栖息地的保护，但是即便当前的栖息地能得到很好的保护，也无法支持不断增加的动物数量。避孕的替代性方法就是引入捕食性的物种，但从动物能力的视角看，这一方法比强制性的避孕看起来更残忍。）

我的理论的主要结论可表述如下：所有动物都应被赋予过上一种符合其物种特点的生活的最低限度的机会。这是否就意味着完全禁止为获取食物而屠杀动物，这个问题可以进行辩论。（边沁和辛格都反对这一点。）无痛苦地宰杀一个物种的动物可能并不是一种伤害，这取决于我们如何思考死亡的伤害。因此，虽然有些学者信仰动物福利，但是他们也倾向于支持这种无痛苦的宰杀，假如动物已经过上了一种良好条件下的体面生活。无论如何，这些问题都有待于未来的辩论。

可以确定的是，工厂模式的食品工业会导致极大的不正义，因此应该被终止，同样应予终止的还包括以运动为目的的打猎和捕鱼，与产品检验相关联的残忍活动，以及在科研中对动物的不必要伤害。此外，有些以动物为对象的科研是改进动物和人类生活所必需的，我们只能说此类活动提出了我们此前所说的悲剧性冲突：我们面对着一种存在于两种邪恶之间的选择，而我们所要做的就是尽快走向一种世界状态，在那里我们不必再面对这种选择。我们应当努力发现从事研究的其他方法——例如通过计算机模拟。人造肉现已在开发（并不是植物蛋白饼，而是由干细胞所合成的肉类），这同样可以成为一种对更公正世界的巨大贡献。

环境质量

无论我们所持的是前文所列五种选择中的何种立场，环境质量都必定在能力理论中扮演一定的角色。如果我们认为，对于人类福利而言，自然环境的质量和生态系统的健康是至关重要的，那么我们并不需要超越立场1。如果我们认为人类福利包括对子孙后代的承诺，那么立场1就更是充分的立论基础。这一关键议题已经在自由政治理论（如罗尔斯的理论）中得到全面的讨论，但是能力理论至今尚未详尽地追问这一主题。如果能力理论希望严肃地参与环境领域的讨论，如何计算人类后代的利益就是未来最重要的工作，尤 *164* 其是在风险和不确定的研究以及环境经济学的相关领域内，如何计算的问题已经得到精彩的探讨。即便我们的唯一目标就是支持生活在当下的人们的能力，环境质量也是重要的，但是如果论证时可以某种方式考虑到人类的子孙后代，这一论证就变得更加强而有力。因此，我们应当确定如何思考子孙后代的利益——这是对未来研究者的一项挑战。

布林纳·霍兰（Breena Holland）近期的重要研究已经证明，在面对环境质量和可持续性的问题时，能力理论呈现出环境经济学内主流理论所不具有的优势——在很大程度上，这是因为它激励着分门别类式的对人类生活不同部分的影响的思考。例如，我们应当分别思考对于健康的影响和对于经济的影响，因为一心一意地追求经济增长就可能导致那些降低平均健康状况的政策。

霍兰的研究是纯粹人类中心的，仅看到环境质量对人类生活品质的工具价值——这并非因为她必定相信这一方法是完全正确的，而是因为在公共辩论的语境内，研究者最好可以展示，非常强的结论推演自没有争议的弱前提，即大多数公众都会接受的前提。在可

165 能方法谱系的另一端，有一种立场将生态系统自身而非系统内的个体视为目的，这种立场可以推演出关于环境保护的强结论。但是，只有很少的人持有这一立场，因此这一类型的论证就不太可能对政策选择有影响力。（我自己反对这一立场，因为我相信，有感知力的人类或动物个体都有其自身的价值，而不是作为某一更大系统的一部分，而更大系统的价值在于它们对个体生活的支持。）我相信，通过关于动物苦难和动物生活价值的论证，许多人有可能走向谱系的中间位置，发展出一种有关动物能力自身意义的"交叠共识"。但是，这样一种共识目前尚不存在。因此，既然保护环境的行动是时不我待的，学者就有必要尽可能有效地发展出像霍兰理论那样的人类中心主义的立场。但是，还有一些能力理论家也在进行卓越的工作，探讨广泛的不同立场。

环境质量的问题与人口控制问题是密切相关的。一段时期以来，人口控制的议题在阿玛蒂亚·森的作品中占据关键位置。森否定了马尔萨斯认为我们正面临着一场迫近的食物浩劫的恐怖预言。但是，森确实支持那些控制人口增长的主要工作。这一政策议题与能力理论的核心有所交叉，因为许多人口控制的拥护者支持那些严重限制人类选择自由的强制策略。中国和英迪拉·甘地统治下的印度在这一方向上走得最为激进。这是不是一种悲剧性的两难，生命健康与选择自由领域在这里发生冲突？森并不这么认为，这是因为以下的证据"暂时"说服了他：有证据表明，就减少人口而言，（通过教育、雇佣机会、信贷等等）赋权女性要比强制性的策略更为有效。无论如何，即便强制性的策略可以产生类似的效应，自由

的内在价值也应该让我们的选择偏向于赋权模式。阿玛蒂亚·森观 *166*
察到，印度的喀拉拉邦通过教育和赋权，非常有效地实现了对人口
的控制，而这一模式相较于中国模式（很可能）更有效，在伦理意
义上也更优越。

宪法与政治结构

　　一旦我们认为某些能力是人性尊严所要求的生活的核心，一旦
我们认为社会的"基本结构"（基本政治原则以及体现这些原则的
制度结构）至少要保证最低限度的核心能力，我们就会很自然地
问：一种政治结构如何能够真正保证这些能力。阿玛蒂亚·森在能
力理论上的工作，虽然指出了有关公共政策的一些方向选择，却很
少提及法律和民主制度结构。因为我的研究集中于最低限社会正义
的问题，所以法律和政治结构从一开始就是关注的核心。根据我的
设想，有关核心能力以及最低限度的叙述构成了一种政治原则的根
源，这些原则可以被转化为一组（最低限度）公正的政治制度。在
我的论述中，能力目录与国家成文宪法（如果没有成文宪法，则是
其不成文的宪法原则）阐释公民基本权益的章节是联系在一起的。
到目前为止，在宪法内列举权益时，许多国家都是将权益与人性尊
严所要求的生活这一理念联系在一起，在此方面，印度和南非的宪
法传统尤其值得学习。

　　近期以来，我所努力的方向就是更明确地建立起能力理论和宪 *167*

法之间的关联，而且我已经为理解美国最高法院的工作提供了一组基于能力的模板。在保护人类能力的问题上，美国最高法院曾经取得了数十年令人敬佩的进步，但紧接着近年来却出现了一个我称为"迟钝形式主义"（obtuse formalism）的急剧转向，这一方法只关注技术性的法律论证，却没有认真对待能力（因此也未能认真对待劣势），即便是那些在宪法文本中有着坚实基础的能力。如要全面考察能力理论和宪法之间的关系，则必须细致考察每一种具体的人类能力的领域，观察法律是如何通过宪法文本以及不间断的司法解释对能力加以具体化的。

在核心能力的理念和政府的任务之间是否存在着一种概念性的联系？在我看来，权益总是与义务相关的：如果人们享有权益，那么必定存在着保障权益的义务，即便我们难以判定这个义务到底应由哪个主体来履行。我认为，整个世界都应承担起一种集体性的职责，以确保世界上全体公民的能力，即便并不存在一个全世界范围内的政治组织。如何向具体的团体和个人分配义务是一件困难的事，它要求跨学科的理论合作，因为历史学和政治科学都有助于我们理解变化中的全球结构。在全球语境内，由于没有一个国家，也没有理由认为我们应该有一个一元化的顶层政府，这种困难将变得更大。但是即便在全球语境内，保证人类能力的义务大部分仍应分配给国家，但有一些义务也属于非政府组织、公司、国际组织和个人。在这一意义上，义务是伦理性的，而不是政治性的：它们的道德约束力并不需要一种国家的执行机制。

168　　　就此而言，权利（或核心能力）与政府行为之间并没有概念性

的关联。有一种源远流长的传统，在西方至少可追溯至亚里士多德，认为政府的关键任务之一以及政府存在的理由之一就是保证人民的大多数核心权益。美国的《独立宣言》就重申了一个古老的论证传统："为了保障这些权利，人类才在他们中间建立政府，政府的正当权力来自被统治者的同意。"——任何政府如果未能保障基本权益，就是未能完成其最基本的任务。如果一种能力确实属于核心目录，那么政府就有职责保护和保障该能力，运用法律和公共政策去实现这一目标。全球语境有其独特性，因为这里没有一个顶层政府，就此而言，即便全世界未能完成这一任务，也没有可以问责的主体，虽然我们完全可以指出，世界制度的整体结构已经制造了不公正，因此应该得到变革。但是在我们思考一个具体的民族国家时，我们有权去问，它是否已经保障了其民众的核心能力。如果没有的话，它甚至就未能达到最低限度的公正。

阿玛蒂亚·森试图回避能力和政府之间的概念联系，他引证了那些不应由法律强制执行的能力（权利）的例子，诸如一位家庭成员在全部家庭决策中都应得到咨询的权利。关于这一例子，我只能说：要么此类行为是由一种符合人性尊严的生活观念所要求的，要么不是。如果答案为是，则该行为应由法律所强制执行（就好像我们在法律上执行禁止虐待儿童和禁止家庭暴力的命令）。如果答案为否，则该行为并不属于核心能力或人权的目录。如果我们确实在目录内收入该能力，那么无论在概念上还是在实践意义上，我们就将它与"人们在他们中间建立政府"所追求的目标联系在一起。我自己的观点如下，森所提到的权利——家庭成员在决策中应得到咨

169

询的权利——考虑到公民整全性学说之间的差异，乃是一种公民可以保持合理不同意见的事项。有一些宗教和伦理观念强调家庭的团结和透明，还有一些则坚持个人的高度自治。只要存在着这些深层的差异，家庭成员得到咨询（只是某一个宗教团体和伦理观念的政策）就不应该被强制执行，因此我同意森所举的这个例子。但是出于同样的原因，家庭成员得到咨询的权利并不属于我的核心能力目录，这一目录可理解为一种有关人类能力的政治观，应该成为所有的合理的整全性学说之间的一种交叠共识的可能对象。

这样看来，十种能力就是实现或者符合于人们的前政治权益的**目标**：我们因此可以说人们有权获得目录上的十种能力。在国家的语境内，如果政府要做到最低限度的公正，那么政府的工作就是保障这些能力。因此在实施中，权益的存在就交付给政府一项应做的工作，而政府的一项核心任务就是确保人们的能力。人类和动物生活的存在为政府的存在提供了一种理由，也形成了一种不同政治类型的职责。我们已经认定，在全世界范围内，一个普遍的顶层政府并不是解决贫穷国家内能力失败问题的最佳方法，但政府仍在能力培育中扮演着主要的角色：首先是贫穷国家的政府，然后是富裕国家的政府，它们有义务援助穷国。向人民提供他们作为人即有权享有的物品，这是政府得以存在的主要理由，也是政府一旦存在就将承担的主要工作。

当一种特定的能力在一国宪法内被认定为一种基本权益（通常在一种相对抽象的层面上）时，还有更多的工作必须完成。该能力将需要进一步的阐释或具体化，而且能力的底线也必须得到正确的设定。让我们在这里简单地考察一种主要的能力，从而观察一种宪法传统是如何执行这一任务的。

美国宪法传统有关"宗教活动自由"的历史就提供了一个例子，由此可见一种核心人类能力最初只有抽象的规定，可以通过宪法适用得到执行，获得一种更深入同时也逐渐具体化的对该种能力要求的理解。在宪法起草之时，美国制宪者曾就他们在这一题目下所要保护的内容设想过多种不同的表述，但是他们最终选定了如下的文字："国会不得制定法律，建立国教或禁止宗教活动的自由。"在这里，我不讨论"立教条款"，从而将笔墨集中在"宗教活动自由条款"。

在制宪的时候，制宪者所熟知的问题是，如果大多数公民加入一个特定的宗教，宗教自由就总是处在危机中。在少数群体这一方，他们的信念和行动都有可能受到侵犯——有时候是恶意的，但有些时候也是无心之失，例如多数人可能将星期天选为无须工作的休息日，这就忽视了那些在周六做礼拜的人的困境；或者多数人通过了强制性的义务兵役法，这就忽视了有些教派信仰和平主义的事实；或者多数人规定饮酒（它与基督教仪式有关）合法，但是却限制致幻剂，这忽略了一个事实，即致幻剂在有些少数宗教中是宗教仪式的一个重要组成部分。

在此类案例中，"活动自由"的理念应该得到广义的解释——它所要求的不只是废止那些因宗教信仰和实践而惩罚人们的法律，而且要看到不平等的自由的问题，那些少数群体因为其群体的选择而要面对特殊的负担。因为宗教活动自由条款一开始并不适用于地

171

方和州政府——而这是大多数行动的发生地——直至 20 世纪，我们只有建国早期解释该条款的屈指可数的案例，但是我们从各州宪法以及它们解释的历史中可以找到充分的证据，证明基于宗教理由的"调整"是一种广为接受的规范。这就是说，如果一部普遍适用于所有人的法律却给少数宗教的信仰或活动施加了一种特殊的负担，相关的少数团体就有了一种免于法律的特许，除非是天平的另一端存在着一种"有说服力的国家利益"。例如，如果有关工作日的政策给那些礼拜日不同于多数人的人们造成负担，国家就被要求做出调整。有关药品使用的政策——例如，在美国土著居民以及其他宗教中致幻剂的使用——看起来也为一种免于一般性法律的特许提供了理据，虽然关于这一问题仍然存在着争议。和平和安全的利益是经典的有说服力的政府利益，它可被用以证成一种"实质性的负担"，当然其他的国家利益，比如教育，有时候也可用来证成一种施加于宗教活动的负担。行政负担只有在极致之时，才能构成一种有说服力的国家利益，但是否定美国土著家庭的诉求，要求他们的子女具有社会保障号，则被认为包括了这样一种有分量的国家利益。在鲍勃·琼斯大学因禁止种族间约会而失去其税收豁免地位的案件中，终结种族歧视也被认定为一种有说服力的利益。

有关调适原则的一种经典陈述可见于我们开国总统乔治·华盛顿的一封信，在这封写给教友会信徒的信中，华盛顿讨论了他们拒服兵役的问题："我非常明确地向你们保证，根据我的观点，所有人的良心顾虑都应该得到非常体贴和柔和的对待，我的希望和愿望就是，法律总是可以因应它们而做出广泛的调整，而一种对国家根本利益的适当尊重可以证成和允许这种调整。"华盛顿并不要求教友会信徒履行兵役的义务，同时，华盛顿也不希望这些人因其不服从而付出遭受法律惩罚的代价（这是约翰·洛克所希望看到的）。（《良心自由》的第二章，比较了洛克和罗杰·威廉斯的观点，后者支持基于良心理由的充分调适。）

　　20世纪中叶，上述一般性的理念开始转化为我们目前适用的法律框架，以此理解如何以一种尊重全体公民平等价值的方式来执行这一十分重要的能力。阿德尔·舍伯特（Adell Sherbert）是南卡罗来纳州一家纺织工厂的优秀工人。在20世纪50年代，她的雇主增加了第六个工作日，而且选择了星期六这一天，这是因为几乎所有工人都是基督教徒。但舍伯特夫人是一位基督复临安息日会的信徒，对她来说，星期六才是"礼拜日"。她因为拒绝在星期六来工厂工作而被解雇，同时她也不可能找到另一份工作，因为该地区的所有雇主都有相同的工作日程安排。这说起来并不奇怪，没有人会选择在星期六歇业，却在星期天开门。舍伯特夫人向州政府申请失业救济，但是被驳回了，因为她拒绝了"适当的工作"。她来到法院，主张失业政策侵犯了她的宗教活动自由。在1963年的舍伯特诉弗纳（Sherbert v. Verner）案中，美国最高法院认定，该州对救济金的否决构成了一种对宗教自由的宪法权利的侵犯。大法官们裁定，这就好像因为某个人在周六做礼拜而对他施以惩罚。他们指出，州并没有宪法义务去提供失业救济，但一旦它们选择提供失业救济，领受救济的前提条件就不能要求一个人违背其宗教良心。大法官接下来阐释了一种执行"自由活动"的一般性理论框架：如没有一种"有说服力的国家利益",任何法律或政策都不得向一个人的宗教活动施加一种"实质性的负担"。

这些理念仍然是高度抽象的。上述案例可以表明,拒绝向本案类型的当事人提供救济构成一种"实质性的负担",但是它并没有提供任何有关"实质性的负担"的定义。美国最高法院还否定了南卡罗来纳州的主张,即在处理宗教少数群体的主张时的行政困难构成了一种"有说服力的国家利益",但是法院也没有提供任何有关这一概念的一般性叙述。这就是我们宪法系统的运转方式:渐进地,最高法院按部就班地建设出一种道路的网络,一次一案地阐释出执行相关能力的条件并且阐明权利的基本结构。追踪此类案件的完整历史将向我们展示,随着新案件的出现,上述每一种概念如何相继得到更具体的解释。追踪历史还可以看出,新案件也会随之带来有关能力边界这种新的问题。例如,宗教自由活动的原则是否授权家长对子女的健康或生命进行冒险?(想一下耶和华见证人会拒绝输血治疗。)如果政府只不过是用其自己的土地做事情,例如修筑一条公路(因此妨碍美国土著部落在该土地上进行某些类型的宗教仪式),这能否构成一种"实质性的负担"?(在林诉西北印第安墓地保护协会[Lyng v. Northwest Indian Cemetery]这个案件中,美国最高法院认定,即便所修的道路侵扰了该土地在宗教仪式方面的用途,也并未导致实质性的负担——因为政府拥有这块土地,它只不过是在使用它的所有物。)而且,关于有说服力的国家利益,如果行政成本非常巨大,这能否构成一种有说服力的国家利益?教育是否是一种有说服力的国家利益,如果是的话,又应该是何种类型和程度的教育？随着这些问题一次一案地得到回答，能力的结构也就渐变清晰，道路的网络也就日益扩展。这一图景并不表明进步是永续的，一种优良的传统可能会遭到否决，但在一个尊重先例的系统内，这样做可能相对困难些。

上述例子表明，对一种核心的、得到宪法承认的能力的司法执行有我们在进一步发展能力理论时应予重视的数种特征，因为在向民众提供一种特别具体的能力时，这些特征看起来是宝贵的。在此意义上，它与能力理论有着特别的紧密关系。第一个特征：所讨论的能力应当作为一种有其自身意义的事物被**独立地**考察。虽然美国最高法院有时会把目光转向其他权利，认为一个领域内的保护是对另一领域保护的必要条件，但这是相对少见的情形。立教条款和宗教活动自由条款确实有着一种交互式的执行历史，但这是因为它们被理解为共同构成了宗教领域内的一整套保障。即便是同一修正案内的言论自由条款也有一种或多或少完全独立的解释历史。

我们可以确定地认为，诸能力构成了一种交互式的权益体系，而且有些能力是促进其他能力的中枢。宪法传统也能够承认这一点，同时隐含否定了在基本权益之间做任何通约的可能性，也否定了任何形式的以适量的一种权益为对价收购另一种权益。如果宗教自由和平等出现赤字，任何其他能力都不可用来弥补这种亏空。乔治·华盛顿并没有这样对教友会信徒说："我们还是要你们在军中服役，但我们会为你们的服役支付一笔可观的现金报酬。"在人民诉菲利普斯（People v. Philips）这个案件中，一位天主教牧师在法庭宣誓后，仍拒绝透露他在忏悔室内得知的信息，但是法庭并没有这样告诉他："回答我们的问题，然后我们将向你的教会提供一大笔捐款，作为对你的补偿。"实际上，这位牧师被告知，法律的"温和与公正的原则"从来不会将一个人置于"如此可怕的一种困境"，强制他在违背他的宗教信条和进监狱之间做出选择："唯一的处理方法就是，本院在此宣布他……根本无须作证。"我们可以知道原因何在：牧师正在被要求违背他的良心，而这一举动可以被认为等同于废止忏悔的圣礼。即使这位牧师或他的教会获得了一大笔现金捐款，也不会让该问题自动消失。这么说是不起作用的："将你的秘密向你的牧师忏悔，请确信，假如他在法庭上不得不泄露这些秘密，你的教会将得到一大笔现金捐赠。"

前述例子表明，司法执行的第二个特征是谨慎的**渐进主义**（cautious incrementalism），一个案件推进、确认、深化另一个案件的判断，经过多年时间建构出一种结构。一种抽象界定的权利，其轮廓一开始经常是模糊不清的。（例如，美国的言论自由原则在很长一段时间内都被认为并不保护异议者在战争期间的言论。）但随着时间的推移和新案件的出现，我们更清楚地理解了言论自由的保护范围，而且这种保护也获得了更稳固的地位。因此，"最低限度"这个抽象概念，通过宪法语言以及用以表述宪法语言的解释性语言（"实体性负担""有说服力的国家利益"），得到了越来越具体的界定。

司法执行的第三个特征是良好解释的**语境主义**（contextualism）。抽象原则总是要在一种具体语境内得到实现。如要正确裁决有关核心能力的案件，法官就必须现实地理解该能力的语境及其所提供的机会。法官不可能总是停留在抽象性的层次，或者在纯粹形式主义的理论中找到避风港，拒绝思考每一个案件的具体内容。法官必须深入历史和社会现实，只有这样才能面对一种具体能力是否确实得到保障的问题。这里的语境主义并不意味着一种个案式的"情境伦理学"，无法为未来提供任何指导，也并非一种无根基的实用主义，它要求一般性原则的执行。但是为了有效地执行一般性原则，我们必须理解人们在现实各个领域内是如何生活的，在这些领域内，机会究竟是对他们开放，还是对他们关上大门。语境主义是所有理论的一种追求，但它和能力理论有着特别的亲近，这是因为能力理论总强调应在社会和历史语境内检讨每一个人的故事，只有这样才能发现通向充分能力的道路上所隐含的路障。

好的宪法权利的司法解释还应具有第四个特征：坚持不断地**关注少数群体得到平等对待的权利**。事实上，司法的角色本就应当集中在此类案件上，因为少数群体在多数主义的政治过程中处于劣势，因此他们的权益尤其需要司法的保护。我们很难想象，一位长老会或新教圣公会教派的教徒，会在法院提起有关第一修正案宗教自由的诉讼——他们怎么可能会面对此类问题呢？多数人订立规则，因此少数群体更有可能承受一种"实质性的负担"。事实上，我们应当看到，阅读传统有时就好像进入一个讨论如何理解少数群体的研讨课堂。刚一开始，美国最高法院难以理解任何非新教教会的宗教，因此，天主教和犹太教徒相对而言还不错，但美国土著以及大多数摩门教众的境遇就要差一些。

但是随着时间的推移，传统内在的结构就会要求，最高法院应当反复思考陌生的诸传统的信念和诉求，同时也应更多地理解在这些案件中是什么构成了一种负担。比起早些年间，美国的土著宗教现在得到了更好的理解；那些以社区为基础的宗教，例如旧传统的阿米什人，现在也得到了非常公平的对待。我个人最喜欢的案例就是斯旺诉帕克（Swann v. Pack），这个田纳西州的案件涉及一个训练并召唤毒蛇的教派。该案提出的问题可表述为，避免毒蛇可能造成的危险是否构成一种有说服力的公共利益。在回答这一问题的过程中，最高法院进行了一次最虚心同时也最妙趣横生的专题讨论，内容包括教派本身、它对蛇的理解、蛇在该教派崇拜中的核心地位等等——最高法院最终认定，如果最危险的蛇类已被禁止，避免毒蛇危险确实会造成一种实质性的负担。在此前，一家下级法院认定，如果已经禁止儿童参与，则限制相关实践就并没有有说服力的国家利益。一家更高级的法院（在本案中是田纳西州最高法院）则做出了不同的判决，论证了那些未能充分知悉危险的成年人所要承担的风险。但无论结论为何，令人印象极深刻的还是那种对一种小众的、非典型性的少数群体的尊重和关注。

178   迄今为止，我对能力与法律的研究相对集中于成文宪法内的根本权利保护及其通过司法解释得到的执行。这一关注尚且是不充分的，因为它预设了两个前提，首先是在一种政治结构内，解释基本权益的任务已经被分配给了司法机关；其次是相信司法机关可以圆满完成该项工作。但是根本能力的执行还可以有其他的方式：通过立法和通过行政机构。有关公共选择的大量文献已经就此类问题产出了重要的结果，比如利益集团在推动或反对变革项目中的角色，政治结构的某些关键元素——投票程序、两院制、联邦制、司法审查——如何避免公共选择所特有的困难，创造出一种由平等主体和互惠此类规范信念所驱动的审议过程。

与此同时，阿玛蒂亚·森的能力理论研究关注民主和公共辩论的内在和工具价值，已经在一定程度上解决了这一议题。森从一开始就反对那些将公共理性的理念认定为"西方的"学者，他在《惯于争鸣的印度人》（*The Argumentative Indian*）和《印度：民主与参与》（*India：Democracy and Participation*）的论述中都已证明，这种公共理性的信念在印度传统中是根深蒂固的。森在《身份与暴力》（*Identity and Violence*）中讨论了宗教极端主义，他认为公共讨论的失败构成了团体极化和冲突的主要根源之一，虽然我相信，森所指出的只要有更多的公共讨论，宗教暴力就会减少是站不住脚的（除非我们已经仔细规定了公共讨论的结构与性质）。但是森还未提供任何有关民主程序的详细叙述，以处理前文提到的结构性议题。我们甚至无法确定，森是否会同意保护基本权利免于多数决的过程。

公民经由民主程序赋权是大多数能力理论工作者共享的一个目标，也是能力理论非常重要的一项特征，这在森和我对行动力以及尊重个人选择的阐释中均可看到。但是"民主"这个词太多时候都未得到充分的定义。大多数现代民主体制都为那些超越多数决范围的权利预留了位置，而且我主张，如果民主意味着"人民的统治"，这种高位阶的保护就是民主的一种必要特征，因为它保护着自治的根本方面（比如一人一票，法律的平等保护，正当程序，结社自

179

由）。换言之，民主不应该被理解为纯粹的多数主义。我们在这里也可以点名表扬印度农村的村务委员会中女性占三分之一配额，这可以说是近期以来民主体制所设计的最具赋权性的举措之一。如果我们所说的民主就是本地多数人的偏好，那么上述措施可以说是非民主的；但民主经常不是这样。该措施通过一项对所有人均有约束力的宪法修正案得到执行，印度妇女因此以这种非凡的方式得到了赋权。

　　因此，"民主"这个词能告诉我们的非常有限，一个人可以全心全意地支持赋权和尊重，同时却并不对政治结构应当如何处理这些事务下定论。我们特别需要提出有关政治结构的整体议题，通盘考虑那些已经由政治学家和公共选择理论家详细讨论的问题，诸如分权、投票程序、利益集团的角色、限制利益集团的程序，以及许多其他的主题。如果没有一种精致的结构性分析，只是清谈"民主讨论"——尤其是当这些议题存在着大量的专业文献时——这看起来就好像纯粹的纸上谈兵。同样存在问题的是经常清谈"公民社会"，而不去检视公民社会组织与全体公民平等、基本宪法规范之间的关系。历史上最有权势的公民社会组织之一就是印度教右翼，它动用其强大的动员能力去羞辱穆斯林——通过公共讨论！同样，游说团体也是强大的公民社会组织，但它们经常反对全体公民的平等赋权。因此，要说的还有很多：这些讨论场域就其本身而言并不一定是好的。

　　因此，能力理论未来的一项主要挑战就是更系统地思考政治结构。在一定程度上，我们不可能脱离每一国家的历史和环境（选民的教育水平，法官能否接触到普通选民的生活和意见，等等），而抽象讨论其政治结构。即便如此，公共选择的文献以及有关审议和参与式民主的文献，都向我们展示了在具体问题上的进步，因此我们应当将能力理论与前述领域内的复杂工作联系起来。

能力与人类心理学

未来一项同样重要的挑战是要发展出一种政治心理学——一种对情感和其他心理倾向的叙述，这些倾向会促进或阻碍一种追求人类能力的项目。显然，人们不会设计出一种带有不可承受之要求的项目，这些项目没有同情和团结的情感，却要求个人的自我利益做出诸多牺牲。丹尼尔·巴特森（Daniel Batson）的重要研究已经向我们证明，同情（他称为"心同此理的关怀"）就其本身而言是不可靠的，因为同情容易优先给予那些与自己亲近的人们；与此同时，巴特森的研究还显示出，情感具有一种一元化的驱动力，我们不应愚蠢地对此视而不见。制度具有一种人经常不具有的团结性和公正性，而相对于情感的短暂波动，制度更为长久。但即便如此，如果情感衰退，好的制度最终还是会经历一种变革。如果证成一套政治制度必须证明它们可以为真实的人所实现，可以历时而稳定，这一任务就必须要探讨政治领域的情感维度。正因此我们可以发现，情感的主题是许多伟大的政治理论家的核心问题，包括亚里士多德、霍布斯、卢梭、密尔和罗尔斯。

有关情感的探讨应当包括两部分。首先，我们应当思考，我们是否理解"本质上的"人类心理，也就是那些并非特定文化所创造的人类心理。人类并不是可以被无限锻造的，有些关于一般性人类倾向（例如，同侪压力、对权威的尊重、恐惧、厌恶）的心理学研究具有坚实的跨文化结论。

其次，我们应尽可能地去理解，这些情感倾向具有多大程度的可塑性，哪些干预（在家庭、学校以及其他社会环境内）可以引导这些情感倾向，让它们向有助于实现全世界公民的核心能力的目标的方向发展。密尔相信人有非常大的可塑性，因此他提议一种公共教育的项目，目标是让人们认为他们自己在生活中的成功关联着他人的成功，也包括未来的人。密尔肯定是夸张了人类可塑性的程度，但是我们也不应低估社会规范在塑造各个年龄段的情感中的作用。如果我们想要理解这种理论，甚或是证成它，我们就必须更充分地理解发展的过程，理解各种社会力量是如何塑造那些有关政治的情感的。

这一任务部分是要理解那些支撑起能力理论的情感，如同情和尊重。它们并不是天生就安全可靠的，因为它们经常只能在一定范围内并且不平均地感知。因此，我们面临的一个问题就是，如何能够使政治情感支持那些建立在人类平等理念之上的政策，同时又不至于剥夺它们的驱动力；我们如何可以教养这些情感，同时又不至于破坏所珍视的自由言论和辩论的价值。另一项重大的任务就是要探讨那些会颠覆能力理论的情感，不仅包括各种形式的憎恨和厌恶，还包括一种有关个人无助的原始羞愧感，它经常导致他人的羞愧和耻辱感。

当我们开始沿着这条道路工作时，我们必须认真对待由政治自由主义的信念所施加的限定。政治自由主义要求我们尊重在多元社会内存在的各式各样的人生观，正因此，我们的政治原则就不能建立在任何一种在此类团体之间有争议的形而上学、认识论或心理学的学说之上。这是非常困难的工作，但是罗尔斯让我们有理由相信它可以做到，通过制造出那种在政治意义上可行的理念，此类理念在不同的宗教或世俗人生观中可以不同的方式得到发展。罗尔斯相信心理学也可用以完成这一工作，而且罗尔斯认为，假如要给出一种有关政治稳定性的合理叙述，就必须通过心理学去完成这一工作，但是他自己并没有做到这一点。罗尔斯曾在《正义论》中提出有关儿童发展和情感的叙述，但他后来中断了这种叙述，认为它很可能太有争议了，而且罗尔斯坚持认为，一种"合理的政治心理学"必将发展出来，只是他本人并没有完成这一工作。

183

与罗尔斯一样，我相信，在政治自由主义所给定的范围以内，这一任务不仅重要，而且可行。为了出色地完成这一任务，我们必须尽可能多地学习有关情感的科学和实验研究，因为它们提供了可以被所有合理观念认同的数据。规范性的问题（即哪些感情是我们应当促进的）将来自政治原则自身，这些原则可以想见也已变成了一种交叠共识的对象。但是仅通过实验数据，我们不可能获得全部所需的有关儿童的资料，尤其是幼童的资料。诊所心理学、精神分析、历史和文学这样的人文学科，也可以为我们提供走进儿童内心生活动态的洞见。如果此类洞见可以得到实验的支持（经常如此），这当然是好事；但是实验不能告诉我们有关幼年恐惧、自恋或羞耻感所需知道的一切。因此，我们还应该以一种灵活的、不教条的方式利用来自人文和阐释学科的洞见，设法为我们的公民同胞提供进入此类叙述的多种渠道。例如，有些人的世界观会否认精神分析，但可能接受由普鲁斯特所提供的类似洞见。

严肃地讨论人类情感，需要对人类生活的体验，对各式各样人类困境的广泛阅读，以及洞察痛苦和快乐的超凡能力。几乎没有经济学家有这样的洞察力，至少他们在论著中并未表现出这种能力。有时候，他们会认为有关情感的题目全是无意义的。在伟大的哲学家中，有一些（例如，柏拉图、亚里士多德、塞内卡、卢梭、密尔、泰戈尔）具有我所设想的那种人性洞察力，其他的哲学家看起来缺少这种能力——或者至少他们在工作中回避了有关此类主题的写作。能力理论家应当学习他们可以从心理学的实验工作中学到的一切，同时他们还应当阅读小说、传记、自传和心理案例历史——任何有助于他们把握那些人类经验的复杂元素的材料，因为我们的政治成就与稳定性的希望就取决于此。

结　　论

我们生活的这个时代，被利益动机以及对国家经济成就的渴求所支配。然而，经济增长固然是良好公共政策的一部分，但也只是一部分而已，只是一种纯粹的工具。人民才是最重要的，利润不过是人类生活的工具性手段。与良好国内政策的目标一样，全球发展的目标也是要让民众过上充裕和有创造性的生活，发展他们的潜力，营造一种他们的平等人性尊严所要求的有意义存在。换言之，发展的真正目标是**人类的发展**（human development），其他路径和指标充其量是一种对人类生活发展的模拟，而且其中大部分并未能以一种丰富、准确或敏锐的方式反映出人类的当务之急。人均GDP作为生活品质的一种指标，仍旧得到广泛的运用，尽管越来越多的人认识到它甚至无法代表人类生活的品质。

大多数国家在面对国内问题时已经意识到，如要尊重人民，就需要一种更丰富同时也更复杂的对国家议程的叙述，而不是那种仅由 GDP 提供的叙述。总体上看，这些国家已经在宪法和其他建国文件中提供了一种更充分的叙述。但是，主宰着新全球秩序内的决策的那些理论，尚需达到体现在良好国家宪法内的那种复杂性，而且这些理论虽有缺陷，却不能否认其巨大的威力。不幸的是，它们不仅严重影响着国际组织，而且影响到一国内的议程设置——今天，许多国家追求经济增长所走的道路，实际上克扣了它们对人民做出的其他承诺。对种种瑕疵理论的运用只是这一狭隘视野背后故事的一个片段，但是这个片段可以同时也正在得到卓有成效的修正。

一种新的理论范式正在进化过程中，这一范式推动着民众对平等人性尊严所规定的生活方式的追求。不同于主流理论，该理论的出发点是一种对全体人类的平等尊严的承诺，无论他们的阶级、宗教、种姓、种族或者性别，而且该理论致力于实现所有人的符合平等尊严要求的生活。无论是作为一种有关生活品质的比较性叙述，还是作为一种有关基本社会正义的理论，该范式都弥补了主流理论方法的主要缺陷。它格外重视分配，尤其关注那些传统上受排斥或被边缘化的群体的奋斗。它重视民众所追求的目标的复杂性和质的多元性。它没有妄图将所有这些多元化的目标通约在一种一元化的尺度上，而是仔细地检视它们之间的关系，思考它们相互之间是如何支持和补足的。它还注意到这一事实，即如果人们想要达到相同水平的选择和行动能力，特别是在他们出身不同的社会地位的情况下，他们就可能需要不等量的资源。

　　基于上述原因，能力理论作为一种替代发展经济学和公共政策领域主要发展路径的理论，正在吸引着来自全世界的关注。同时，作为一种国家内和国家间的基本社会正义的理论，它也在吸引着注意力——能力理论在有些方面契合其他的社会正义哲学理论，在有些方面则偏离了它们——例如，它在更大程度上支持了残疾人士的斗争，已经超出了社会契约模型所能允许的范围。 *187*

　　我们的世界需要更多的批判性思考，需要更多常怀敬畏之心的论证。运用片段化的信息进行论证，现已成为一种令人不安的普遍惯例，为了取代这种论证模式，我们迫切需要一种更加尊重我们的平等人性尊严的公共商谈模式。我在这里提出的能力理论意在促进国家和国际的辩论，它不是一种必须被生吞活剥的教条。能力理论要经受思考、消化、同其他理论方法的比较——接下来，如果它经得起论证的检验，它就得到采纳，被付诸实践。这也就意味着，作为本书的读者，你就是这一人类发展故事中下一篇章的作者。

附　记

　　　本书讲述了一种正在演进中的智识和实践运动的故事，每一位
关注这些理念的读者都可以加入它的职业协会：人类发展与能力协
会。该协会创设于 2004 年（经过三年的预备会议期），每年会举办
一次年会，出版一份杂志（《人类发展与能力杂志》，隶属于联合国
开发计划署，现在由该协会主持编务工作），资助在全世界范围内
各种形式的研讨会和学术活动。虽然阿玛蒂亚·森和我是它的两位
"创始会长"，协会日常工作的维持主要靠轮值的执行委员会（一个
被称为"工蜂"的年轻学者团队）以及现任会长，任期两年。（在
阿玛蒂亚·森和我之后，会长包括牛津大学的弗朗西斯·斯图尔特

［Frances Stewart］和康奈尔大学的考希克·巴苏［Kaushik Ba-su］①，后者现为印度政府的首席经济顾问）。

协会的目标是让有志于能力理论的学者跨越现存于学术界的一些重大分野：

（a）**学科之间的分野**。如果能力理论中所包括的希望要得 *189* 到实现，经济学家必须与政治学家、哲学家、社会学家、心理学家、环境科学家等进行更多的对话。

（b）**理论和实践之间的分野**。发展践行者和政治家可以为那些智识工作者提供信息，反之亦然。理论工作应该回应真实的世界，而公共政策和发展实践的世界也可以得到理论方法的阐释。

（c）**前辈学者和青年学者之间的分野**。学术界尤其要制造机会，使那些学术职业刚起步的年轻工作者接近资深的理论家。

（d）**地区和国家之间的分野**。资深学者，尤其是他们的年轻同事应当有机会进行跨越国家和地区的合作。

本书的读者，无论现在是否在学术机构工作，都可以加入这一协会，向年会提交论文，在协会的网站与其他有志于同样议题的人士进行合作。

---

①　在本书出版后，巴苏教授已于 2012 年 7 月卸任印度政府首席经济顾问，9 月接替中国经济学家林毅夫任世界银行首席经济学家。——译者注

附录 A：赫克曼论能力

　　芝加哥大学的经济学家詹姆斯·赫克曼（James J. Heckman）是 2000 年的诺贝尔经济学奖得主，在其辉煌的职业生涯中，他一直关注着人类能力的理念，这部分是因为赫克曼对早期童年的学术兴趣。迄今为止，赫克曼重要的经验和理论著作在人类发展理论的作品中还未得到充分的引用，但是学者在未来应当关注赫克曼同类研究项目中所包含的观点，因为这些研究不仅为人类能力发展方面的公共政策提供了清晰的指向，还提供了可用以阐释相关议题的简约的形式模型。在赫克曼和我的组织下，芝加哥大学在 2010 年春季召开了一次学术会议，由阿玛蒂亚·森做大会发言，由此开始了两个领域内的沟通和交流，我们希望这一双向的启示可以继续下去。

赫克曼将"能力"理解为通向成就的技能或潜能。他的方法植根于经济学的"人力资本"理论，从定义上看，他的能力概念更接近于我的"内在能力"概念，而不是我的"混合能力"概念。换言之，根据赫克曼对这一概念的运用，外在的社会环境无论是允许运作的选择还是禁止其选择，都并非一种具体能力的元素。因此，在两种理论之间的良好沟通必须要注意"翻译"的问题。

194

赫克曼的核心主张（取自他的心理学研究以及其他经验性研究）是：人类能力在很早就由各种形式的环境影响力所决定性地塑造，它们起始于胎儿期对其后发展的影响，持续到在家庭和学校内的早期生活。赫克曼的关注点在于认知技能与他所谓的"非认知性的"技能，后者意指深刻影响成年后的成功的情感和性格能力（注意力、自控力等等）。（我之所以给"非认知性的"这个词加上引号，是因为赫克曼并不是要基于一种认知观去论证情感的非认知性，他使用这个词只是要区分开情感的领域与以计算为代表的智识技能领域。）经验性的研究表明，幼年期的干预是非常关键的，因此在一个被不平等所撕裂的社会内，应当同家庭一道，合作提供发展潜能的学前干预和项目。事实上，赫克曼主张，就是因为未能提供早期干预，包括增强未出生胎儿在子宫内健康的项目与出生后的项目，人类潜能在很大程度上正在被荒废。虽然研究表明大多数核心人类能力都在幼年阶段受到决定性的影响，赫克曼还主张，一些关键的情感能力，诸如自控力，要在更晚的阶段才开始发展，直到青春期，因此我们就有理由为这些年龄的人士设计支持性的项目。

赫克曼与心理学家、健康专家和家庭专家进行合作，继续进行

195 　基础广泛的研究项目。而在人类发展范式下进行工作的哲学家和经济学家应当充分吸收赫克曼的工作。

以下所列的赫克曼与其合作者的论著只是他们关于人类能力的研究工作的代表作品，但是这些作品包括了赫克曼与其他学者的相关研究的参考书目。

Borghans, Lex, Angela Lee Duckworth, James J. Heckman, and Baster Weel. "The Economics and Psychology of Personality Traits." *Journal of Human Resources* 43 (2006): 972 – 1058.

Borghans, Lex, Bart H. H. Golsteyn, James J. Heckman, and Huub Meijers. "Gender Differences in Risk Aversion and Ambiguity Aversion." *Journal of the European Economic Association* 7 (2009): 649 – 658.

Carneiro, Pedro, and James J. Heckman. "Human Capital Policy." IZA Discussion Paper no. 821, SSRN http://ssrn.com/abstract=434544.

Cunha, Flavio, and James J. Heckman. "Formulating, Identifying and Estimating the Technology of Cognitive and Noncognitive Skill Formation." *Journal of Human Resources* 43 (2006): 738 – 782.

——. "The Technology of Skill Formation." *AEA Papers and Proceedings* 97 (May 2007): 31 – 47.

——. "The Economics and Psychology of Inequality and Human Development." *Journal of the European Economics Associa-*

tion 7 (2009): 320 – 364.

Cunha, Flavio, James J. Heckman, Lance Lochner, and Dimi-triy V. Masterov. "Interpreting the Evidence on Life Cycle Skill Formation." *Handbook of the Economics of Education*, vol. 1, ed. Eric A. Hanushek and Finis Welch. Amsterdam: Elsevier, 2006, 697 – 812.

Heckman, James J. "Catch'em Young." *Wall Street Journal*, January 10, 2006, p. A14.

——. "Skill Formation and the Economics of Investing in Dis-advantaged Children." *Science* 312, June 30, 2006, 1900 – 1902.

——. "The Economics, Technology, and Neuroscience of Hu-man Capability Formation." *PNAS* 104, August 14, 2007, 13250 – 13255.

——. "Schools, Skills, and Synapses." *Economic Inquiry* 46 (2008): 289 – 324.

——. "Schools, Skills, and Synapses." VOX, http://www. voxeu. org/index/php? q＝node/1564.

Heckman, James J. , and Dimitriy V. Masterov. "The Pro-ductivity Argument for Investing in Young Children." *Review of Agricultural Economics* 29 (2007): 446 – 493.

Heckman, James J. , and Yona Rubinstein. "The Importance of Noncognitive Skills: Lessons from the GED Testing Program." *American Economic Review* 91 (2001): 145 – 149.

Heckman, James J. , Jora Stixrud, and Sergio Urzua. "The Effects of Cognitive and Noncognitive Abilities on Labor Market Outcomes and Social Behavior." *Journal of Labor Economics* 24 (2006): 411 – 482.

Knudsen, Eric I. , James Heckman, Judy L. Cameron, and Jack P. Shonkoff. "Economic, Neurobiological, and Behavioral Perspectives on Building America's Future Workforce." *PNAS* 103 (2006): 10155 – 10162.

附录 B：阿玛蒂亚·森论福利和行动

在阿玛蒂亚·森的杜威讲座（"Well-Being, Agency, and Free-（197 页码）dom," *Journal of Philosophy* 82（1985），169 – 221）中，他区分了**福利自由**（well-being freedom）和**行动自由**（agency freedom），这一区分具有相当大的影响力。因为我并不运用这一区分（而且森在他最近的著作中也未继续运用），我在此应当解释为什么不去用，同时论述森的范畴和我的范畴之间的关系。

阿玛蒂亚·森区分了一个人的"福利面向"——这是指这个人的丰满或者欣欣向荣的生活——与"行动面向"，这是指康德道德哲学内的选择的力量。但是森接下来审视了多种福利的概念，否决了基于心智状态的福利概念和基于欲求满足的福利概念，认为它们太过狭隘：它们未能纳入一个人的福利的许多重要面向，尤其是各种形式的活动。森认为："福利的主要特征可以理解为一个人如何去'运作'，在这里取运作这个词的广义"（197）。森两次重述了这一观点："一个人的福利的主要特征就是他或她所取得的运作向量"（198）和"福利的核心特征是取得有价值运作的能力"（200）。森认为，一个人必须评价重要的运作，因此他或她的福利应该是相对于他或她的评价而言的。

以上陈述已经引入了一个问题：福利到底是指追求有价值运作的机会（能力），还是指它们的成就？前文引用的最初表述看起来倾向于前者。随之而来的讨论一方面确认了这一图景，但另一方面也将这一图景复杂化，因为森接下来认为自由不过是福利的一个面向而已。已取得的福利主要由已取得的运作所构成，但是选择的机会也"关系着一个人的福利面向的评估"（201）。设想有两个人，一个人在节食，一个人在挨饿，森认为，在"这两个人所取得的实际福利水平"之间并没有差别，但在自由上仍有区别：那位节食者是出于自己的选择才导致低营养的状况，而这一区别会影响到我们对个人福利的评估。因此，森所称的"福利的自由"，就是指这种选择去运作或者不去运作的自由，而且前后文的讨论也充分表明，森不是把这种自由只视为福利的工具，而是将之视为一个人福利的构成部分。

因此对于森而言，自由——他所指的是双向的自由，去做或不去做的自由——是福利本身所固有的。福利的自由就是这样一种自由，它的"核心在于一个人具有多种运作选项，同时享有相应的福利成就的能力"（203）。现在，森在福利自由概念的基础上，又引

198

入了他所谓的"更广泛的""关系到一个人的行动面向"（203）的
自由。这就有些出人意料，因为看起来行动力在福利自由的论述中
已经得到了考虑。让我们看一下森是如何表述这一关键区别的：

> 一个人的"行动自由"，指的是这个人可以自由地追求他　*199*
> 认为重要的任何目标或价值。如果不考察一个人的目标、志
> 向、忠诚、职责——广义地说，就是一个人的人生观，我们就
> 不可能理解这个人的行动面向。如果说福利自由是取得一种特
> 定物即福利的自由，行动自由的概念就更具一般性，因为它并
> 没有绑定任何一种类型的目标。行动自由就是指一个人作为一
> 个负责任的行动者，实现他认为应当实现的任何目标的自由。
> 这一**开放的限定性**让行动自由的性质区别于福利自由，后者关
> 注一种特定类型的目标，判断相应的机会。（203－204）

这一区分对效用主义者而言并不难理解，因为在效用主义者看
来，福利的概念只关系到幸福或欲求的满足。但是森已经否定了这
些狭义的福利观，而是根据一个人的价值观以及人生观去定义福
利。既然森在这里是根据人生观去定义行动力的，引入行动自由概
念的必要性就令人费解，这意味着他已经退回到一种更狭义的福利
概念，现在需要行动这个概念去完成已由广义福利观完成的工作。
我们如何理解这一区分呢？

首先，我们可以推测行动自由含义更为广泛，因为它既包括了
追求一种目标的自由，也包括了不追求这一目标的自由（就此而
言，假如某些家长主义的政策强行要求民众去完成它们认为有价值　*200*
的活动，比如过上一种健康的生活，因此取消了其他活动的机会，

一个人就可能享有福利自由，但却没有行动自由）。但问题在于，森早已明确，不那么做的自由是福利自由的一个元素。因此，我们可以推测，行动自由之所以是更广泛的，是因为它包括了追求那些无关个人生活或个人活动的忠诚和目标的自由。但是森坚持认为，行动自由涉及一个人的"人生观"，因此在该意义上是个人的：它涉及一个人在追求人生价值时所珍视的一切。根据最初的定义，福利自由是不是更狭义？答案看来是否定的，因为行动者有机会去考察所有的运作，并评估它们。森并没有把行动自由与那些完全无关乎个体人生观的自由联系起来——虽然森原本可以这样做。因此，根据森的理论，全天去拔草地叶片的自由就不是一个人的行动自由，同时，如果这个人并不赋予拔草的运作以任何意义，它也无关乎这个人的福利自由。相比之下，如果一个人认同草地叶片清理的意义，那么选择该运作的机会就既关系到他或她的行动自由，也关系到他或她的福利自由。

我的结论认为，如果一个人已经像森那样（基于充分理由）否定了效用主义的福利观，那么在福利自由与行动自由之间的区分既晦涩难懂，也没有作用。它是存在于森的非效用主义理论工程内的效用主义遗迹。

如要比较森与我的自由观，那将是一项复杂的工作，这是因为我的自由观是一种政治观，并不是一种有关福利和行动的整全性观念。因此，对于政治观无法包括的那部分整全性的人生观，我的理论没有提供任何论述。有些能力会影响人们追求不同人生观的能量，政治观必定会重视这样的能力。诸如健康、身体健全、实践理性和宗教自由这些能力都出现在目录内，这是因为它们在追求许多不同的人生计划时都是有价值的。但是，它并未涉及在追求所有人生观的每一种元素时的每一种自由，也没有向每一位公民确保追求每一种此类元素的机会。例如，有些人生观需要昂贵的资源，这将有损国家在基本事务上保护公民的能力。

但是在政治观确实采取了一种立场的场域内，能力就可被理解为追求一种不完全的、政治的福利观的自由。因此我完全同意森的观点，认为一种基于能力的福利观要优于基于欲求和认知状态的福利观——虽然我的能力概念是政治性的，而不是整全性的。但是因为有价值的能力是选择去做或者不做的自由，行动由始至终都被编织进来。行文至此，我的结论可表述为，如果我们有一种充分改良后的福利观，则无须区分行动自由与福利自由。

注　释

　　本书各章注释旨在引导进一步的阅读。它们并非阐释正文含义所必需，而是为读者列明出版文献（在参考文献里将得到引证），在这些文献内，正文中的不同主张将得到进一步的论证和/或辩论。

　　我和阿玛蒂亚·森的论著目录无须加以说明。参考文献的第三部分还包括了能力理论阵营内的作者所出版的文献。我希望，这能为那些有进一步阅读兴趣的读者提供一个高度选择性但有价值的文献回顾。第四部分包括正文中所引的其他材料——那些与所讨论议题有着密切关联，但却没有明文引用或建构能力理论的材料。为了避免读者在两个不同的列表中来回搜寻，我在下文提及的地方插入了第三或第四部分的参考文献。

第一章

《人类发展报告》每年由联合国开发计划署和位于纽约的牛津大学出版社出版。

瓦莎蒂故事的进一步讨论可参见 Nussbaum 3，其中还包括其他相关的故事和数据。

妇女自就业联合会以及巴特的工作，可参见 Rose（Ⅳ）。关于那些在联合会内的妇女及其生活斗争，可参见 Bhatt（Ⅳ）。

关于女孩获得的有区别的营养和健康保障，参见 Sen 和 Dreze 14，16 和 18。关于有性别选择性的堕胎，可参见 18。还可参见 Sen 33，34。

关于不平等的财产和继承法，参见 Agarwal（Ⅳ），*A Field of One's Own*。关于家庭暴力和土地所有权，参见 Agarwal 和 Panda（Ⅲ）。家庭暴力的进一步讨论参见 Nussbaum 69。

关于在最后一段中提到的经验著作，参见 Wolff 和 De-Shalit（Ⅲ）。

第二章

关于基本概念的全面讨论，可参见 Nussbaum 3，6 和 55 以及 Sen 7 和 9。在本章所呈现的能力目录，同样可见于 Nussbaum 3，6 和 55。

政治自由主义理念的分析以及与其他类型自由主义的对比，可参见 Larmore（Ⅳ）和 Rawls（Ⅳ），*Political Liberalism*。一个关键的议题，即客观性，在 Nussbaum 46 中得到了讨论。

关于健康政策中的能力和运作的讨论，参见 Arneson（Ⅳ）。

关于人性尊严的理念，参见 Nussbaum 48 和 79；该理念的适用可参见 Nussbaum 3 和 6。

关于悲剧性的选择，参见 Sen 6 和 Nussbaum 43。还可参见 Richardson（Ⅲ），*Practical Reasoning*。

第三章

GPA 方法之批判的发展，可参见 Nussbaum 3，6 和 55 以及 Sen 3，5 和 9，并且可以与 Stiglitz，Sen，Fitoussi，et al.（Ⅳ）中的相关批评加以比较。

对效用主义理论的批判，在 Nussbaum 3，6，33 和 55 与 Sen 2，4，9，19，21，23，26 和 38 中展开。效用主义的幸福观在 Nussbaum 65 和 83 中得到阐释，还可参见 Schokkaert（Ⅲ）。一次非常有趣的为一种整全福利主义的辩护，可参见 Posner（Ⅳ）。

选择的内在一致性的讨论，可参见 Sen 35，还可参见 20。一种多元效用观在 Sen 26 中得到阐释。

适应性偏好的讨论，可参见 Elster（Ⅳ），Sen 3 和 4，Nuss-baum 3（第二章）。

行动和自由的内在意义的讨论，参见 Sen 9，还可参见 Sen 27。

关于罗尔斯对主要物品的叙述，参见 Rawls（Ⅳ），*A Theory of Justice* 和 *Political Liberalism*。阿玛蒂亚·森对资源的不同需求的论述，首先可见于 Sen 24，其后在许多专著和文章中得到进一步的阐发，尤其参见 Sen 3，4，7，9 和 38。Nussbaum 在 3，6 和 55 中讨论了这一议题。

能力和人权之间关系的讨论，可参见 Sen 49 和 Nussbaum 3，6，34，55 和 86。关于权利的相关议题，可参见 Sen 27。

第四章

关于我与阿玛蒂亚·森的理论方法的区别，参见 Nussbaum 55，并与 Sen 9 进行比较。

森对罗尔斯的批判可参见 Sen 13。

我的政治证成方法可见于 Nussbaum 3（第二章），在 Nussbaum 63 中得到进一步的发展，后者回应了 Okin（Ⅳ）在多个方面均不准确的归纳。罗尔斯的著名方法可参见 Rawls（Ⅳ），*A Theory of Justice*。有关自我教育的过程，还可参见 Nussbaum 35。

关于交叠共识的理念，参见 Rawls（Ⅳ），*Political Liberalism*；我对交叠共识的运用，可见于 Nussbaum 6。

我对知情—欲望福利主义的批判可参见 Nussbaum 3（第二章），还可参见 Harsanyi（Ⅳ），Brandt（Ⅳ）和 Hampton（Ⅳ）。关于欲求作为人性中的智识部分，参见 Nussbaum 3（第二章）。（我在那里批评了 Scanlon（Ⅳ），*What We Owe to Each Other*。）

我对社会契约论的全面批判可参见 Nussbaum 6，该书包括有关历史和当代的讨论，并且论述持续聚焦于罗尔斯。我对罗尔斯的批判在 Richardson（Ⅲ），"Rawlsian Social-Contract Theory" 中以一种非常有趣的方法得到讨论，我在同一卷杂志中做出了回应。

关于斯坎伦的伦理契约主义，可参见 Scanlon（Ⅳ），*What We Owe to Each Other*，关于在这一基础上发展出一种政治理论的努力，参见 Barry（Ⅳ）。Scanlon（Ⅳ），"Value, Desire, and the Quality of Life"表示，他的方法将是非常不同的，包括一种实质性的目录。

关于政治自由主义以及相关概念，参见 Larmore（Ⅳ）和 Rawls（Ⅳ），*Political Liberalism*。我把政治自由主义作为设计能力理论的正确方法，最初可见于 Nussbaum 32，自此后在能力理论的所有主要阐释中都进行了重新表述。因此正如我在 Nussbaum 77 中所解释的，将这一观念描述为一种"世界主义"的形式是不准确的。

关于宗教和国家，参见 Nussbaum 8 和 76。

关于能力理论是"结果导向"的但并非（整全的）结果主义，参见 Nussbaum 6。

关于情感，参见 Nussbaum 4，5，7，9，23，24，26，53，73，80，83 和 88；参见 Sen 21。

第五章

关于（一种关注文化形式的）普遍主义的辩护，可参见 Nussbaum 3（第一章）和 Nussbaum 19，22，25 和 27。

阿玛蒂亚·森对人权运动所涉及的关键概念均为"西方价值"的批判，参见 Sen（Ⅱ），42，43；Nussbaum 20 中的 Sen 和 Nussbaum。

关于宗教和其他关键政治规范（包括妇女平等）之间的关系，可参见 Nussbaum 2，3，7，8，30，40，50，64，71，75，76，78，82，85；Sen 12。

关于泰戈尔、甘地和尼赫鲁，参见 Sen 11；Nussbaum 7，10；Nussbaum 和 Doniger 15。

关于印度和南非宪法中社会经济权利的保护，参见 Nussbaum 78。

关于文化并非铁板一块，参见 Nussbaum 和 Glover 12 中的 Benhabib，还可参见 Nussbaum 3。

关于表述一种自由体系的需要，参见 Richardson 在 Richardson （Ⅲ），"The Social Background" 中的精彩批判。我相信我在 Nussbaum 8 中进行了同样的工作，虽然我在写作时并不知道 Richardson 的观点。

关于人道主义干预的观念，可参见 Nussbaum 6。

第六章

我将能力理论跨越国家的论证，可见 Nussbaum 6 和 67。这一领域内的主要贡献可参见 Rawls（Ⅳ），*The Law of Peoples*；Beitz （Ⅳ）和 Pogge（Ⅳ），*Realizing Rawls and World Poverty and Human Rights*。还可参见 Unger（Ⅳ）的效用主义理念和 Singer （Ⅳ）。

关于个人慈善的公正性难题，参见 Murphy（Ⅳ）；关于同情之情感不会导致公正或均衡性的援助的心理学证据，参见 Batson（Ⅳ）。

关于赋予民众以一种个人控制领域的意义，参见 William（Ⅳ），关于一种有趣的解决方案，参见 Nagel（Ⅳ）。

第七章

关于能力理念的非西方根源，参见 Sen 11 和 42，Nussbaum 7。

亚里士多德的理念作为能力理论的基础，可参见 Nussbaum 18，19，21，22，25，27。Nussbaum 78 全面引证了亚里士多德的有关段落。有关亚里士多德对财富追求的批判，参见 *Politics*，1256a1 - 1258b8。关于柏拉图法团国家的批判，参见 *Politics*，Book Ⅱ；关于"每一个人的善"，参见 1261a17 - b10。

关于斯多葛学派的尊严理念及其意义，参见 Nussbaum 31 和 78。有一些限定的讨论在 Nussbaum 37，48 和 53。

罗杰·威廉斯的讨论可参见 Nussbaum 8（第二章）。

关于亚当·斯密和教育，参见在 Nussbaum 78 中的相关讨论。关于贸易限制，参见 *The Wealth of Nations*（hereafter WN），452 - 498。亚当·斯密论证政府以积极行动去限制金融利益的不成比例的影响力，相关的精彩讨论可参见 Rothschild（Ⅳ）。关于"纤弱的幼苗"，参见 WN 97。关于教育，参见 WN 782 - 788。

关于在潘恩《人的权利》中能力理念的分析，参见 Nussbaum 78。

参见 Barker（Ⅳ）；Green（Ⅳ）；关于格林理念与英国政治发展的联系，参见 Harris and Morrow（Ⅳ），"Introduction"和 Deigh（Ⅳ）。关于在新政中的类似理念，参见 Sunstein（Ⅳ）。

第八章

关于劣势，参见 Wolff 和 De-Shalit（Ⅲ）。

关于性别和人类能力，参见 Nussbaum 2，3，12，25，26，35，39，54，55，56，62，63，69 和 71；Sen 32，33，34，40，47 和 48；Agarwal 和 Panda（Ⅲ）；Agarwal，Humphries 和 Robeyns, eds.（Ⅲ）。

关于相关的哲学著作，参见 Nussbaum 2，5，28，29，30，38，40，41，44，50，51，52，57，58，59，66 和 68。

关于妇女在互联网上的对象化，参见 Levmore 和 Nussbaum 16 中的文章。

关于性取向，参见 Nussbaum 2，5 和 9。还可参见 Ball（Ⅲ）。

残疾和关爱在 Nussbaum 6 中是核心议题，该书并广泛讨论了其他理论家的观点。关于认知障碍人士的政治权利的新主张，超越了 Nussbaum 6，可参见 Nussbaum 87，发表在一期专题讨论该议题的杂志上，该专号还包括了其他学者的大量相关材料。一种精彩的批判，参见 Richardson（Ⅲ），"Rawlsian Social-Contract Theory"。1999 年的《人类发展报告》关注了关爱和关爱劳动的议题。

我在教育问题上的论著，参见 Nussbaum 1，10，17，59，72，74 和 81。关于教育的法律和宪法议题的讨论，可参见 Nussbaum 68 和 78。（本书所提到的案例在 78 中得到进一步的分析。）

关于普拉提齐基金的发现，参见 *The Pratichi Education Report*（Ⅳ）。

正文引述的案例包括印度的 *Mohini Jain v. State of Karnataka*，AIR 1992 1858；*Unnikrishnan J. P. v. State of Andhra Pradesh*，AIR 1993 SC 2178，美国的 *Plyer v. Doe*，457 U. S. 202（1982）。

关于我在动物权利上的观点，参见 Nussbaum 6，88 和 89。还可参见 Korsgaard（Ⅳ），Bendik-Keymer（Ⅲ）。

关于环境质量，参见 Holland（Ⅲ），"Ecology and the Limits of Justice" 和 "Justice and the Environment in Nussbaum's 'Capabilities Approach'"；Bendik-Keymer（Ⅲ）。关于森在人口问题上的论述，参见 Sen 39 和 41。

关于能力与宪法，参见 Nussbaum 78；关于政府的任务，参见 Nussbaum 6 和 78。森对能力和政府之间概念性关联的否定，参见 Sen 49。关于宗教活动自由议题的详细讨论，参见 Nussbaum 8，所有提到的法院案例都在 Nussbaum 8 中得到分析，还可参见 Nussbaum 76 和 78。

关于森和公共辩论，参见 Sen 11，12 和 13。

正文所提到的宗教自由案例包括 *Sherbert v. Verner*，374 U. S. 398（1963）；*Employment Division v. Smith*，494 U. S. 872（1990）（此案带来了解释框架的一个重大变化）；*People v. Philips*，N. Y. Court of General Sessions，June 14，1813（该案涉及一位牧师和一位忏悔者，在由 McConnell，Garvey 和 Berg 所编的宗教案例教科书中得到记录和重印，pp. 103 - 109）；*Swann v. Pack*，

527 S. W. 2d 99 (Tenn. 1974)（有关毒蛇操作的案例）。

　　我此前在情感问题上的论著，参见 Nussbaum 4，5，23，24，26 和 32。关于那些最终将构成正在进行中的新项目的论著，可参见 Nussbaum 53，75，80，85 和 90。

参考文献

I. 玛莎·努斯鲍姆的论著

（这个列表是高度选择性的，仅收入与章节讨论相关的著作）

专著

1. *Cultivating Humanity：A Classical Defense of Reform in Liberal Education*. Cambridge，MA：Harvard University Press，1997.

2. *Sex and Social Justice*. Oxford：Oxford University Press，1999.

3. *Women and Human Development：The Capabilities Ap-*

proach. New York: Cambridge University Press，2000.

4. *Upheavals of Thought*: *The Intelligence of Emotions*. Cambridge: Cambridge University Press，2001.

5. *Hiding from Humanity*: *Disgust*, *Shame*, *and the Law*. Princeton: Princeton University Press，2004.

6. *Frontiers of Justice*: *Disability*, *Nationality*, *Species Membership*. Cambridge，MA: Harvard University Press，2006.

7. *The Clash Within*: *Democracy*, *Religious Violence*, *and India's Future*. Cambridge，MA: Harvard University Press，2007.

8. *Liberty of Conscience*: *In Defense of America's Tradition of Religious Equality*. New York: Basic Books，2008.

9. *From Disgust to Humanity*: *Sexual Orientation and Constitutional Law*. New York: Oxford University Press，2010.

10. *Not For Profit*: *Why Democracy Needs the Humanities*. Princeton: Princeton University Press，2010.

主编著作

11.（with Amartya Sen）*The Quality of Life*. Oxford: Clarendon Press，1993.

12.（with Jonathan Glover）*Women*, *Culture*, *and Development*. Oxford: Clarendon Press，1995.

13.（with Joshua Cohen）*Is Multiculturalism Good for Women*? Princeton: Princeton University Press，1999.

14. (with Cass Sunstein) *Animal Rights: Current Debates*, *New Directions*. New York: Oxford University Press, 2004.

15. (with Wendy Doniger) *India: Implementing Pluralism and Democracy*. New York: Oxford University Press, forthcoming.

16. (with Saul Levmore) *The Offensive Internet: Speech*, *Privacy*, *and Reputation*. Cambridge, MA: Harvard University Press, forthcoming.

17. (with Zoya Hasan) *Affirmative Action in Higher Education* (tentative title), in preparation.

论文

18. "Nature, Function, and Capability: Aristotle on Political Distribution." in *Oxford Studies in Ancient Philosophy*, supp. vol. 1, 145 – 184. New York: Oxford University Press, 1988. Reprinted in *Marx and Aristotle*, ed. G. McCarthy, 175 – 212. Savage, MD: Rowman and Littlefield, 1992.

19. "Non-Relative Virtues: An Aristotelian Approach." *Midwest Studies in Philosophy* 13 (1988): 32 – 53. Expanded version in Nussbaum and Sen, *The Quality of Life*, 242 – 269.

20. (with Amartya Sen) "Internal Criticism and Indian Rationalist Traditions." In *Relativism: Interpretation and Confrontation*, ed. M. Krausz, 299 – 325. Notre Dame, IN: University of

Notre Dame Press, 1989.

21. "Aristotelian Social Democracy." In *Liberalism and the Good*, ed. R. B. Douglass, G. Mara, and H. Richardson, 203 – 252. New York: Routledge, 1990. Reprinted in *Aristotle and Modern Politics*, ed. A. Tessitore, 47 – 104. Notre Dame, IN: University of Notre Dame Press, 2002.

22. "Human Functioning and Social Justice: In Defense of Aristotelian Essentialism." *Political Theory* 20 (1992): 202 – 246. Shorter version published as "Social Justice and Universalism: In Defense of An Aristotelian Account of Human Functioning." *Modern Philology* 90 (1993): supp., S46 – S73. German version published as "Menschliches Handeln und Soziale Gerechtigkeit." In *Gemeinschaft und Gerechtigkeit*, ed. H. Brunkhorst and M. Brumlik. Frankfurt: Fischer Taschenbuch, 1993.

23. "Tragedy and Self-Sufficiency: Plato and Aristotle on Fear and Pity." In *Oxford Studies in Ancient Philosophy* 10 (1992): 107 – 160. A shorter version is in *Essays on Aristotle's Poetics*, ed. A. Rorty, 261 – 290. Princeton: Princeton University Press, 1992.

24. "Equity and Mercy." *Philosophy and Public Affairs* 22 (1993): 83 – 125. Reprinted in *Punishment: A Philosophy and Public Affair Reader*, ed. A. John Simmons at al., 145 – 187. Princeton University Press, 1995. Also reprinted in *Punishment*

and Rehabilitation, ed. Jeffrie Murphy, 212 – 248. Belmont, CA: Wadsworth, 1995; and in *Literature and Legal Problem Solving*, ed. Paul Heald, 15 – 54. Durham, N. C. : Carolina Academic Press, 1998.

25. "Human Capabilities, Female Human Beings." In Nussbaum and Glover, *Women, Culture, and Development*, 61 – 104.

26. "Emotions and Women's Capabilities." In Nussbaum and Glover, *Women, Culture, and Development*, 360 – 395.

27. "Aristotle on Human Nature and the Foundations of Ethics." In *World, Mind, and Ethics: Essays on the Philosophy of Bernard Williams*, ed. J. E. G. Altham and Ross Harrison, 86 – 131. Cambridge: Cambridge University Press, 1995.

28. "Objectification." *Philosophy and Public Affairs* 24 (1995): 249 – 291. Reprinted in *The Philosophy of Sex*, ed. Alan Soble, 3rd ed. Lanham, MD: Rowman and Littlefield, 1997. (Also in Nussbaum, *Sex and Social Justice*.)

29. "The Feminist Critique of Liberalism." In *Women's Voices, Women's Rights: Oxford Amnesty Lectures* 1996, ed. Alison Jeffries. Boulder, CO: Westview, 1999. Also published in pamphlet form as the Lindley Lecture for 1997, University of Kansas Press. (Also in Nussbaum, *Sex and Social Justice*.)

30. "Religion and Women's Human Rights." In *Religion and Contemporary Liberalism*, ed. Paul Weithman, 93 –137. Notre

Dame, IN: Notre Dame University Press, 1997. (Also in Nuss-
baum, *Sex and Social Justice*.)

31. "Kant and Stoic Cosmopolitanism." *Journal of Political
Philosophy* 5 (1997): 1–25. Also as "Kant und stoisches
Weltbürgertum." In *Frieden durch Recht*: *Kants Friedensidee und
das Problem einer neuen Weltordnung*, ed. Matthias Lutz-Bach-
mann and James Bohman, 45–75. Frankfurt: Suhrkamp, 1996.
Also in *Perpetual Peace*, ed. James Bohman and Matthias Lutz-
Bachmann, 25–58. Cambridge, MA: MIT Press, 1997.

32. "The Good as Discipline, the Good as Freedom." In *Eth-
ics of Consumption*: *The Good Life*, *Justice*, *and Global Steward-
ship*, ed. David A. Crocker and Toby Linden, 312–341. Lanham,
MD: Rowman and Littlefield, 1998.

33. "Flawed Foundations: The Philosophical Critique of (a
particular type of) Economics." *University of Chicago Law Re-
view* 64 (1997): 1197–1214.

34. "Capabilities and Human Rights." *Fordham Law Review*
66 (1997): 273–300. A revised version is in *Global Justice*, *Trans-
national Politics*, ed. Pablo De Greiff and Ciaran Cronin, 117–150.
Cambridge, MA: MIT Press, 2002.

35. "Public Philosophy and International Feminism." *Ethics*
108 (1998): 762–796.

36. "Virtue Ethics: A Misleading Category?" *Journal of Eth-*

ics 3 (1999): 163 – 201.

37. "Duties of Justice, Duties of Material Aid: Cicero's Problematic Legacy." *Journal of Political Philosophy* 7 (1999): 1 – 31. Revised version in *Stoicism: Traditions and Transformations*, ed. S. Strange and J. Zupko, 214 – 249. Cambridge: Cambridge University Press, 2004.

38. "A Plea for Difficulty." In *Is Multiculturalism Bad for Women?* ed. J. Cohen, M. Howard, and M. Nussbaum, 105 – 114. Princeton: Princeton University Press, 1999.

39. "Women and Equality: The Capabilities Approach." *International Labour Review* 138 (1999): 227 – 245. Reprinted in *Women, Gender and Work*, ed. Martha Fetherolf Loutfi, 45 – 68. Geneva: International Labour Office, 2001.

40. "Religion and Women's Equality: The Case of India." In *Obligations of Citizenship and Demands of Faith*, ed. Nancy Rosenblum, 335 – 402. Princeton: Princeton University Press, 2000.

41. "Is Privacy Bad for Women? What the Indian Constitutional Tradition Can Teach Us about Sex Equality." *The Boston Review* 25 (April/May 2000): 42 – 47.

42. "Aristotle, Politics, and Human Capabilities: A Response to Antony, Arneson, Charlesworth, and Mulgan." *Ethics* 111 (2000): 102 – 140.

43. "The Costs of Tragedy: Some Moral Limits of Cost-Benefit Analysis." *Journal of Legal Studies* 29 (2000): 1005 – 1036. Reprinted in *Cost-Benefit Analysis: Legal, Economic and Philosophical Perspectives*, ed. Matthew D. Adler and Eric A. Posner, 169 – 200. Chicago: University of Chicago Press, 2000.

44. "The Future of Feminist Liberalism." Presidential Address delivered to the Central Division of the American Philosophical Association, *Proceedings and Addresses of the American Philosophical Association* 74 (2000): 47 – 79. Reprinted in *The Subject of Care: Feminist Perspectives on Dependency*, ed. Eva Kittay and Ellen K. Feder, 186 – 214. Lanham, MD: Rowman and Littlefield, 2002. Also reprinted in *Setting the Moral Compass: Essays by Women Philosophers*, ed. Cheshire Calhoun, 72 – 90. New York: Oxford University Press, 2004.

45. "India: Implementing Sex Equality through Law." *Chicago Journal of International Law* 2 (2001): 35 – 58.

46. "Political Objectivity." *New Literacy History* 32 (2001): 883 – 906.

47. "Sex, Laws, and Inequality: What India Can Teach the United States." *Daedalus*, Winter 2002, 95 – 106.

48. "The Worth of Human Dignity: Two Tensions in Stoic Cosmopolitanism." In *Philosophy and Power in the Graeco-Roman World: Essays in Honour of Miriam Griffin*, ed. G. Clark and

T. Rajak, 31 – 49. Oxford: Clarendon Press, 2002.

49. "Aristotelische Sozialdemokratie: Die Verteidigung universaler Werte in einer pluralistischen Welt." In *Für eine aristotelische Sozialdemokratie*, ed. Julian Nida-Rümelin and Wolfgang Thierse, 17 – 40. A publication of the Kulturforum of the SDP. Essen: Klartext Verlag, 2002. Reprinted as "Aristotelian Social Democracy: Defending Universal Values in a Pluralist World." *Internationale Zeitschrift für Philosophie* (2003): 115 – 129.

50. "Rawls and Feminism." In *The Cambridge Campanion to Rawls*, ed. Samuel Freeman, 488 – 520. Cambridge: Cambridge University Press, 2003. Spanish translation in *Estudos Publicos* 103 (2006): 359 – 394.

51. "Women and the Law of Peoples." Symposium on John Rawls's *The Law of Peoples: Politics, Philosophy, and Economics* I (2002): 283 – 306.

52. "Sex Equality, Liberty, and Privacy: A Comparative Approach to the Feminist Critique." In *India's Living Constitution: Ideas, Practices, Controversies*, ed. E. Sridharan, Z. Hasan, and R. Sudarshan, 242 – 283. New Delhi: Permanent Black, 2002. A shorter version is published under the title "What's Privacy Got to Do with It? A Comparative Approach to the Feminist Critique." In *Women and the United States Constitution: History, Interpretation, Practice*, ed. Sibyl A. Schwarzenbach and Patricia Smith,

153 –175. New York: Columbia University Press, 2003.

53. "Compassion and Terror." *Daedalus*, Winter 2003, 10 – 26. A slightly different version, same title, is in *Terrorism and International Justice*, ed. James Sterba, 229 – 252. New York: Oxford University Press, 2003.

54. "Women's Capabilities and Social Justice." In *Gender Justice, Development, and Rights*, ed. Maxine Molyneux and Shahra Razavi, 45 – 77. Oxford: Oxford University Press, 2002.

55. "Capabilities as Fundamental Entitlements: Sen and Social Justice." *Feminist Economics* 9 (2003): 33 – 59. Reprinted in *Amartya Sen's Work and Ideas: A Gender Perspective*, ed. Bina Agarwal, Jane Humphries, and Ingrid Robeyns, 35 – 62. Oxford: Routledge, 2005. Also reprinted in India in *Capabilities, Freedom, and Equality: Amartya Sen's Work from a Gender Perspective*, same editors, 39 – 69. Delhi: Oxford University Press, 2006. A shorter version is published as "Poverty and Human Functioning: Capabilities as Fundamental Entitlements." In *Poverty and Inequality*, ed. David B. Grusky and Ravi Kanbur, 47 – 75. Stanford, CA: Stanford University Press, 2006. A related longer version is published as "Constitutions and Capabilities." In *Democracy in a Global World*, ed. Deen K. Chatterjee, 111 – 144. Lanham, MD: Rowman and Littlefield, 2008. Reprinted in *The Global Justice Reader*, ed. Thomas Brooks, 598 – 614. Malden, MA: Blackwell, 2008.

56. "Promoting Women's Capabilities." In *Global Tensions*, ed. Lourdes Benaria and Savitri Bisnath, 241 – 256. New York: Routledge, 2004.

57. "The Modesty of Mrs. Bajaj: India's Problematic Route to Sexual Harassment Law." In *Directions in Sexual Harassment Law*, ed. Catharine A. MacKinnon and Reva B. Siegel, 633 – 671. New Haven: Yale University Press, 2004.

58. "Gender and Governance: An Introduction." In *Essays on Gender and Governance*, ed. Martha Nussbaum, Amrita Basu, Yasmin Tambiah, and Niraja Gopal Jayal, 1 – 19. New Delhi: United Nations Development Programme Resource Centre, 2003.

59. "Women's Education: A Global Challenge." *Signs* 29 (2004): 325 – 355. Reprinted in *Women and Citizenship*, ed. Marilyn Friedman, 188 – 213. New York: Oxford University Press, 2005.

60. "Capabilities and Disabilities: Justice for Mentally Disabled Citizens." *Philosophical Topics* 30 (2000): 133 – 165.

61. "Beyond 'Compassion and Humanity': Justice for Non-Human Animals." In *Animal Rights: Current Debates and New Directions*, ed. Cass R. Sunstein and Martha Nussbaum, 299 – 320. New York: Oxford University Press, 2004.

62. "Women and Theories of Global Justice: Our Need for New Paradigms." In *The Ethics of Assistance: Morality and the*

Distant Needy, ed. Deen Chatterjee, 147 – 176. Cambridge: Cambridge University Press, 2004.

63. "On Hearing Women's Voices: A Reply to Susan Okin." *Philosophy and Public Affairs* 32 (2004): 193 – 205.

64. "'On Equal Condition': Constitutions as Protectors of the Vulnerable." In *Will Secular India Survive?* ed. Mushirul Hasan and Hasan Saroor, 22 –49. New Delhi: Imprint One, 2004.

65. "Mill between Bentham and Aristotle." *Daedalus*, Spring 2004, 60 – 68. Reprinted in *Economics and Happiness*, ed. Luigino Bruni and Pier Luigi Porta, 170 – 183. Oxford: Oxford University Press, 2005.

66. "Body of the Nation: Why Women Were Mutilated in Gujarat." *The Boston Review* 29 (2004): 33 – 38. A slightly different version published as "Rape and Murder in Gujarat: Violence against Muslim Women in the Struggle for Hindu Supremacy." In *"Holy War" and Gender*, *"Gotteskrieg" und Geschlecht*, ed. Christina von Braun, Ulrike Brunotte, Gabriele Dietze, Daniela Hrzan, Gabriele Jahnert, and Dagmar Pruin, 121 – 142. *Berliner Gender Studies*, vol. 2. Munster: Transaction, 2006.

67. "Beyond the Social Contract: Toward Global Justice." *The Tanner Lectures on Human Values* 24: 413 – 508. Salt Lake: University of Utah Press, 2004.

68. "India, Sex Equality, and Constitutional Law." In *Consti-*

tuting Women: *The Gender of Constitutional Jurisprudence*, ed. Beverly Baines and Ruth Rubio-Marin, 174 – 204. Cambridge: Cambridge University Press, 2004.

69. "Women's Bodies: Violence, Security, Capabilities." *Journal of Human Development* 6 (2005): 167 – 183.

70. "Wellbeing, Contracts and Capabilities." In *Rethinking Wellbeing*, ed. Lenore Manderson, 27 – 44. Perth, Australia: API Network, 2005.

71. "Religion, Culture, and Sex Equality." In *Men's Laws, Women's Lives*: *A Constitutional Perspective on Religion*, *Common Law and Culture in South Asia*, ed. Indira Jaising, 109 – 137. Delhi: Women Unlimited, 2005.

72. "Education and Democratic Citizenship: Beyond the Text-book Controversy." In *Islam and the Modern Age* (New Delhi) 35 (2005): 69 – 89. A slightly different version is published as "Freedom from Dead Habit." *The Little Magazine* (New Delhi) 6 (2005): 18 –32.

73. "The Comic Soul: Or, This Phallus that Is Not One." In *The Soul of Tragedy*: *Essays on Athenian Drama*, ed. Victoria Pedrick and Steven M. Oberhelman, 155 – 180. Chicago: University of Chicago Press, 2005.

74. "Education and Democratic Citizenship: Capabilities and Quality Education." *Journal of Human Development* 7 (2006):

385 – 395.

75. "Radical Evil in the Lockean State: The Neglect of the Po-
litical Emotions." *Journal of Moral Philosophy* 3 (2006): 159 –
178. A longer version is "Radical Evil in Liberal Democracies." In
Democracy and the New Religious Pluralism, ed. Thomas Ban-
choff, 171 – 202. New York: Oxford University Press, 2007.

76. "Liberty of Conscience: The Attack on Equal Respect."
Journal of Human Development 8 (2007): 337 – 358.

77. "The Capabilities Approach and Ethical Cosmopolitanism:
A Response to Noah Feldman." *Yale Law Journal: The Pocket
Part*, October 30, 2007, http://thepocketpart. org/2007/10/30/
nussbaum. html.

78. "Constitutions and Capabilities: 'Perception' against
Lofty Formalism." Supreme Court Foreword, *Harvard Law Re-
view* 121 (2007): 4 – 97.

79. "Human Dignity and Political Entitlements." In *Human
Dignity and Bioethics: Essays Commissioned by the President's
Council on Bioethics*, 351 – 380. Washington, D. C. : President's
Council on Bioethics, 2008.

80. "Toward a Globally Sensitive Patriotism." *Daedalus*,
Summer 2008, 78 – 93.

81. "Education for Profit, Education for Freedom." Special
lecture I, Institute for Development Studies Kolkata, printed as

pamphlet, March 2008.

82. "The Clash Within: Democracy and the Hindu Right." In *Arguments for a Better World: Essays in Honor of Amartya Sen*, ed. Kaushik Basu and Ravi Kanbur, vol. 2, 503 – 521. Oxford: Oxford University Press, 2008. Also published in a slightly different form in *Journal of Human Development* 9 (2008): 357 – 376.

83. "Who is the Happy Warrior: Philosophy Poses Questions to Psychology." *Journal of Legal Studies* 37 (2008): 81 – 114. Reprinted in *Law and Happiness*, ed. Eric A. Posner and Cass R. Sunstein, 81 – 114. Chicago: University of Chicago Press, 2010.

84. "Land of My Dreams: Islamic Liberalism under Fire in India." *The Boston Review* 34 (2009): 10 – 14. Reprinted in *The Idea of a University: Jamia Millia Islamia*, ed. Rakhshanda Jalil, 13 – 28. New Delhi: Aakar, 2009.

85. "Nationalism and Development: Can There Be a Decent Patriotism?" *Indian Journal of Human Development* 2 (2008): 259 – 278.

86. "Capabilities, Entitlements, Rights: Supplementation and Critique." *Journal of Human Development and Capabilities*, forthcoming.

87. "The Capabilities of People with Cognitive Disabilities." *Metaphilosophy* 40 (2009): 331 – 351. Reprinted in *Cognitive Disability and Its Challenge to Moral Philosophy*, ed. Eva Kittay and

Licia Carlson. Wiley-Blackwell，2010.

88. "Compassion: Human and Animal." In *Ethics and Humanity: Themes from the Philosophy of Jonathan Glover*, ed. N. Ann Davis, Richard Keshen, and Jeff McMahan, 202 – 226. New York: Oxford University Press，2010.

89. "The Capabilities Approach and Animal Entitlements." In *Handbook on Ethics and Animals*, ed. Tom Beauchamp. Oxford: Oxford University Press，forthcoming.

90. "Equality and Love at the End of *The Marriage of Figaro*: Forging Democratic Emotions." *Journal of Human Development and Capabilities* Ⅱ（2010）：397 – 423.

91. "Abortion, Dignity, and a Capabilities Approach"（with Rosalind Dixon）. In *Feminist Constitutionalism*, ed. Beverly Baines, Daphne Barak-Erez, and Tsvi Kahana. Cambridge: Cambridge University Press，forthcoming.

Ⅱ. 阿玛蒂亚·森的论著

（以下所列仅是阿玛蒂亚·森相关著述中的一小部分）

专著和主编著作

1. *Poverty and Famines: An Essay on Entitlement and Deprivation*. Oxford: Clarendon Press，1981.

2. *Choice, Welfare, and Measurement*. Oxford: Clarendon

Press, 1982.

3. *Resources, Values, and Development*. Cambridge, MA: Harvard University Press, 1984.

4. *Commodities and Capabilities*. Amsterdam: North-Holland, 1985.

5. *The Standard of Living*. Tanner Lectures, 1985, ed. G. Hawthorn, with discussion by others. Cambridge University Press, 1987.

6. *On Ethics and Economics*. Oxford: Blackwell, 1987.

7. *Inequality Reexamined*. New York and Cambridge, MA: Russell Sage and Harvard University Press, 1992.

8. *On Economic Inequality*, expanded ed. Oxford: Clarendon Press, 1996. Originally published in 1973 by Oxford University Press.

9. *Development as Freedom*. New York: Knopf, 1999.

10. *Rationality and Freedom*. Cambridge, MA: Harvard University Press, 2002.

11. *The Argumentative India*. London: Allen Lane, 2005.

12. *Identity and Violence: The Illusion of Destiny*. New York: W. W. Norton, 2006.

13. *The Idea of Justice*. Cambridge, MA: Harvard University Press, 2009.

与让·德雷兹（Jean Drèze）合作

14. *Hunger and Public Action*. Oxford：Clarendon Press，1989.

15. （eds.）*The Political Economy of Hunger*，3 vols. Oxford：Clarendon Press，1990.

16. *India：Economic Development and Social Opportunity*. Oxford and Delhi：Oxford University Press，1995.

17. （eds.）*Indian Development：Selected Regional Perspectives*. Oxford and Delhi：Oxford University Press，1996.

18. *India：Development and Participation*. Oxford and Delhi：Oxford University Press，2002.（A new edition of Sen 16，but with much added material.）

与伯纳德·威廉斯（Bernard Williams）合作

19. （eds.）*Utilitarianism and Beyond*. Cambridge：Cambridge University Press，1982.

论文

20. "Behaviour and the Concept of a Preference." *Economica* 40 (1973)：241 - 259.（Also in Sen 2.）

21. "Rational Fools：A Critique of the Behavioural Foundations of Economic Theory." *Philosophy and Public Affairs* 6 (1977)：317 - 344.（Also in Sen 2.）

22. "Poverty: An Ordinal Approach to Measurement." *Econometrica* 44 (1976): 219 – 231. (Also in Sen 2.)

23. "Utilitarianism and Welfarism." *Journal of Philosophy* 76 (1979): 463 – 489.

24. "Equality of What?" In *Tanner Lectures on Human Values*, ed. S. McMurrin. Salt Lake City: University of Utah Press, 1980. (Also in Sen 2.)

25. "Description as Choice." *Oxford Economic Papers* 32 (1980): 353 – 369. (Also in Sen 2.)

26. "Plural Utility." *Proceedings of the Aristotelian Society* 81 (1980—1981): 193 – 215.

27. "Rights and Agency." *Philosophy and Public Affairs* Ⅱ (1982): 3 – 39.

28. "Development: Which Way Now?" *The Economic Journal* 93 (1983): 745 – 762. (Also in Sen 3.)

29. "Poor, Relatively Speaking." *Oxford Economic Papers* 35 (1983): 153 – 169. (Also in Sen 3.)

30. "Well-Being, Agency, and Freedom: The Dewey Lectures 1984." *Journal of Philosophy* 82 (1985): 169 – 221.

31. "The Moral Standing of the Market." *Social Philosophy and Policy* 2 (1985): 1 – 19.

32. "Women's Survival as a Development Problem." *Bulletin of the American Academy of Arts and Sciences* 43 (1989).

33. "More than 100 Million Women are Missing." *New York Review of Books*, December 20, 1990.

34. "Gender and Cooperative Conflicts." In *Persistent Inequalities*, ed. Irene Tinker. New York: Oxford University Press, 1990.

35. "Internal Consistency of Choice." *Econometrica* 61 (1993): 495 – 521. (Also in Sen 10.)

36. "Positional Objectivity." *Philosophy and Public Affairs* 22 (1993): 126 – 145. (Also in Sen 10.)

37. "Markets and Freedoms." *Oxford Economic Papers* 45 (1993): 519 – 541. (Also in Sen 10.)

38. "Capability and Well-being." In Nussbaum and Sen, *The Quality of Life*.

39. "Population: Delusion and Reality." *New York Review of Books* September 22, 1994.

40. "Gender Inequality and Theories of Justice." In Nussbaum and Glover, *Women, Culture, and Development*, 259 – 273.

41. "Fertility and Coercion." *University of Chicago Law Review* 63 (1996): 1035 – 1051.

42. "Human Rights and Asian Values." *The New Republic*, July 14/21, 1997, 33 – 40.

43. "Indian Traditions and the Western Imagination." *Daedalus*, Spring 1997, 1 – 26.

44. "The Possibility of Social Choice." Nobel Lecture, *American Economic Review* 89 (1999), 349 - 378.

45. "The Discipline of Cost-Benefit Analysis." *Journal of Legal Studies* 29 (2000): 931 - 953. Reprinted in *Cost-Benefit Analysis*, ed. Matthew Adler and Eric Posner. Chicago: University of Chicago Press, 2000.

46. "Consequential Evaluation and Practical Reason." *Journal of Philosophy* 97 (2000): 477 - 502.

47. "Population and Gender Equity." *The Nation*, July 24, 2000.

48. "The Many Faces of Misogyny." *The New Republic*, September 17, 2001: 35 - 40.

49. "Elements of a Theory of Human Rights." *Philosophy and Public Affairs* 32 (2004): 315 - 356.

50. "What Do We Want from a Theory of Justice?" *Journal of Philosophy* 103 (2006): 215 - 238.

51. "The Place of Capability in a Theory of Justice." In Brighouse and Robeyns, eds. *Measuring Justice: Primary Goods and Capabilities*, 239 - 253.

Ⅲ. 能力理论的其他相关论著

请注意，还有许多相关的论文，收录在以上所列的由阿玛蒂亚·森和我主编的著作中。人类发展与能力协会年会的大会致辞，以及所选出的提交论文，发表在《人类发展与能力杂志》（*Journal of Human Development and Capabilities*）（也即 2008 年更名前的《人类发展杂志》［*Journal of Human Development*］）。虽然我将提到其中的一些论著，但我不可能穷尽全部。2008 年的第九卷收录了 2007—2008 年能力理论的参考文献，而接下来的第十卷也有同样的内容。

Agarwal, Bina, and Pradip Panda. "Toward Freedom from Domestic Violence: The Neglected Obvious." *Journal of Human Development* 8 (2007): 359–388.

Agarwal, Bina, Jane Humphries, and Ingrid Robeyns, eds. *Amartya Sen's Work and Ideas: A Gender Perspective*. Oxford: Routledge, 2005. Published in India as *Capabilities, Freedom and Equality: Amartya Sen's Work from a Gender Perspective*. Delhi: Oxford University Press, 2006. (Originally published as two special issues of *Feminist Economics*, 2003.)

Alkire, Sabina. *Valuing Freedoms: Sen's Capability Approach and Poverty Reduction*. Oxford: Oxford University Press, 2002.

——. "Measuring Freedoms Alongside Well-Being." In *Well-Being in Developing Countries: New Approaches and Research Strategies*, ed. I. Gough and J. Allister McGregor. Cambridge: Cambridge University Press, 2007.

Ball, Carlos. *The Morality of Gay Rights*. New York: Rout-ledge, 2003.

Basu, Kaushik, and Ravi Kanbur, eds. *Arguments for a Bet-ter World: Essays in Honor of Amartya Sen*. Oxford and Delhi: Oxford University Press, 2009.

Basu, Kaushik, Prasanta Pattanaik, and Kotaro Suzumura, eds. *Choice, Welfare, and Development: A Festschrift in Honor of Amartya K. Sen*. Oxford: Oxford University Press, 1995.

Bendik-Keymer, Jeremy. "From Humans to All of Life: Nussbaum's Transformation of Dignity." In *Capabilities, Gender, Equality: Toward Fundamental Entitlements*, ed. F. Comim. New York: Cambridge University Press, forthcoming.

Brighouse, Harry, and Ingrid Robeyns, eds. *Measuring Jus-tice: Primary Goods and Capabilities*. Cambridge: Cambridge U-niversity Press, 2010.

Chiappero-Martinetti, Enrica, ed. *Debating Global Society: Reach and Limits of the Capability Approach*. Milan: Fondazione Giangiacomo Feltrinelli, 2009.

Comim, Flavio, ed. *Capabilities, Gender, Equality: Toward Fundamental Entitlements*. New York and Cambridge: Cambridge University Press, forthcoming.

Comim, Flavio, Mozaffar Qizilbash, and Sabina Alkire, eds. *The Capability Approach: Concepts, Measures and Applications*.

Cambridge: Cambridge University Press, 2008.

Crocker, David A. "Functioning and Capability: The Foundations of Sen's and Nussbaum's Development Ethic." *Political Theory* 20 (1992): 584 – 612.

———. "Functioning and Capability: The Foundations of Sen's and Nussbaum's Development Ethic, Part 2." In Nussbaum and Glover, *Women, Culture, and Development.*

———. *Ethics of Global Development: Agency, Capability and Deliberative Democracy.* Cambridge: Cambridge University Press, 2008.

Crocker, David A. , and Ingrid Robeyns. "Capability and Agency." In *Amartya Sen*, ed. C. Morris, 60 – 90. Cambridge: Cambridge University Press, 2009.

Deneulin, Severine, and Lila Shahani, eds. *An Introduction to the Human Development and Capability Approach: Freedom and Agency.* London: Earthscan/ IDRC, 2009.

Drydyk, Jay. "Responsible Pluralism, Capabilities, and Human Rights." *Journal of Human Development and Capability* 12, forthcoming .

Drydyk, Jay, with Peter Penz and Pablo Bose. *Displacement by Development: Ethics and Responsibilities.* Cambridge: Cambridge University Press, 2010.

DuBois, Jean-Luc, et al. , eds. *Repenser l'action collective:*

une approche par les capabilities. Paris: Reseau IMPACT, 2008.

Esquith, Stephen L. , and Fred Gifford, eds. *Capabilities, Power, and Institutions*. University Park, PA: Penn State Press, 2010.

Fukuda-Parr, Sakiko, and A. K. Shiva Kumar, eds. *Readings in Human Development*. Oxford: Oxford University Press, 2003.

Holland, Breena. "Ecology and the Limits of Justice: Establishing Capability Ceilings in Nussbaum's Capability Approach. " *Journal of Human Development* 9 (2008): 401 - 426.

——. "Justice and the Environment in Nussbaum's 'Capability Approach': Why Sustainable Ecological Capability Is a Meta-Capability. " *Political Research Quarterly* 61 (2008): 319 - 332.

Jayal, Niraja Gopal. "The Challenge of Human Development: Inclusion or Democratic Citizenship?" *Journal of Human Development and Capabilities* 10 (2009): 359 - 374.

Kanbur, Ravi, and Kaushik Basu, eds. *Arguments for a Better World: Essays in Honor of Amartya Sen*. Oxford: Oxford University Press, 2009.

Morris, Christopher, ed. *Amartya Sen*. Contemporary Philosophy in Focus. Cambridge: Cambridge University Press, forthcoming.

Pogge, Thomas. "A Critique of the Capability Approach. " In Brighouse and Robeyns, eds. (Ⅲ), 17 - 60.

Putnam, Hilary. "Capabilities and Two Ethical Theories." *Journal of Human Development* 9 (2008): 377 – 388.

Qizilbash, Mozaffar. "Social Choice and Individual Capabilities." *Politics, Philosophy and Economics* 6 (2007): 169 – 192.

Richardson, Henry. *Practical Reasoning about Final Ends.* Cambridge: Cambridge University Press, 1997.

——. "Some Limitations of Nussbaum's Capacities." *Quinnipiac Law Review* 19 (2000): 309 – 332.

——. "The Stupidity of the Cost-Benefit Standard." *Journal of Legal Studies* 29 (2000): 971 – 1003. Reprinted in *Cost-Benefit Analysis*, ed. Matthew Adler and Eric Posner. Chicago: University of Chicago Press, 2000.

——. "Rawlsian Social-Contract Theory and the Severely Disabled." *Journal of Ethics* 10 (2006): 419 – 462.

——. "The Social Background of Capabilities for Freedoms." *Journal of Human Development* 8 (2007): 389 – 414.

Robeyns, Ingrid. "The Capability Approach: A Theoretical Survey." *Journal of Human Development* 6 (2005): 93 – 114.

——. "The Capability Approach in Practice." *Journal of Political Philosophy* 14 (2006): 351 – 376.

——. "Justice as Fairness and the Capability Approach." In Kanbur and Basu, *Arguments for a Better World*, 2009.

Schokkaert, Erik. "Capabilities and Satisfaction with Life."

Journal of Human Development 8 (2007): 415 - 430.

Stewart, Frances. "Frontiers of Justice: Disability, Nationality, Species Membership, by Martha Nussbaum." *Journal of Human Development and Capabilities* 10 (2009): 153 - 155.

Wolff, Jonathan, and Avner De-Shalit. *Disadvantage*. New York: Oxford University Press, 2007.

Ⅳ. 其他引用作品

Agarwal, Bina. *A Field of One's Own: Gender and Land Rights in South Asia*. Cambridge: Cambridge University Press, 1994.

——. "'Bargaining' and Gender Relations: Within and Beyond the Household." *Feminist Economics* 3 (1997): 1 - 51.

Arneson, Richard J. "Perfectionism and Politics." *Ethics* Ⅲ (2000): 37 - 63.

Barclay, Linda. "What Kind of a Liberal Is Martha Nussbaum?" *SATS: Nordic Journal of Philosophy* 4 (2003): 5 - 24.

Barker, Ernest. *The Political Thought of Plato and Aristotle*. London: Dover, 1959. First published 1906 by G. P. Putnam's Sons.

Barry, Brian. *Justice as Impartiality*. Oxford: Clarendon Press, 1995.

Batson, C. Daniel. *The Altruism Question: Toward a Social-*

Psychological Answer. Hillsdale, NJ: Lawrence Erlbaum Associates, 1991.

Beitz, Charles. *Political Theory and International Relations*. Princeton: Princeton University Press, 1979.

Benhabib, Seyla. "Cultural Complexity, Moral Interdependence, and the Global Dialogical Community." In Nussbaum and Glover, *Women, Culture, and Development*, 235 – 255.

Bhatt, Ela. *We Are Poor But So Many*. New York: Oxford University Press, 2006.

Brandt, Richard. *A Theory of the Good and Right*. Oxford: Clarendon Press, 1979.

Deigh, John. "Liberalism and Freedom." In *Social and Political Philosophy: Contemporary Perspectives*, ed. J. Sterba, 151 – 161. New York: Routledge, 2001.

Elster, Jon. "Sour Grapes." In Sen and Williams, *Utilitarianism and Beyond*, 219 – 238.

———. *Sour Grapes: Studies in the Subversion of Rationality*. Cambridge: Cambridge University Press, 1983.

Green, T. H. "Liberal Legislation and the Freedom of Contract." In Harris and Morrow, *T. H. Green*, 194 – 212.

Hampton, Jean. "Feminist Contractarianism." In *A Mind of One's Own: Feminist Essays on Reason and Objectivity*, 2nd ed., ed. Louise Antony and Charlotte Witt, 337 – 368. Boulder: Westview, 2002.

Harris, Paul, and John Morrow, eds. *T. H. Green: Lectures on the Principles of Political Obligation and Other Writings.* Cambridge: Cambridge University Press, 1986.

Harsanyi, John. "Morality and the Theory of Rational Behavior." In Sen and Williams, *Utilitarianism and Beyond*, 39 – 62.

Korsgaard, Christine. "Fellow Creatures." *The Tanner Lectures on Human Values*, ed. Grethe B. Peterson, vol. 25/6 (2004): 79 – 110.

Larmore, Charles. *The Morals of Modernity.* Cambridge: Cambridge University Press, 1996.

Murphy, Liam. *Moral Demands in Ideal Theory.* New York: Oxford University Press, 2000.

Nagel, Thomas. *Equality and Partiality.* New York: Oxford University Press, 1991.

Okin, Susan Moller. "Poverty, Well-Being, and Gender: What Counts, Who's Heard?" *Philosophy and Public Affairs* 31 (2003): 280 – 316.

Pettit, Philip. *Republicanism: A Theory of Freedom and Government.* New York: Oxford University Press, 1997.

Pogge, Thomas. *Realizing Rawls.* Ithaca, NY: Cornell University Press, 1989.

———. *World Poverty and Human Rights: Cosmopolitan Re-*

sponsibilities and Reforms. Cambridge: Polity Press, 2008.

Posner, Eric. "Human Welfare, Not Human Rights." *Columbia Law Review* 108 (2008): 1758 – 1802.

The Pratichi Education Report: The Delivery of Primary Education, a Study in West Bengal, by the Pratichi Research Team, Kumar Rana, Abdur Rafique, Amrita Sengupta, with Introduction by Amartya Sen, number I. Delhi: TLM Books, 2002.

Rawls, John. *A Theory of Justice*. Cambridge, MA: Harvard University Press, 1971.

——. *Political Liberalism*, expanded ed. New York: Columbia University Press, 1986.

——. *The Law of Peoples*. Cambridge, MA: Harvard University Press, 1999.

Rose, Kalima. *Where Women Are Leaders: The SEWA Movement in India*. Delhi: Vistaar, 1992.

Rothschild, Emma. *Economic Sentiments: Adam Smith, Condorcet, and the Enlightenment*. Cambridge, MA: Harvard University Press, 2001.

Scanlon, Thomas. "Value, Desire, and the Quality of Life." In Nussbaum and Sen, *The Quality of Life*, 185 – 200.

——. *What We Owe to Each Other*. Cambridge, MA: Harvard University Press, 1999.

Singer, Peter. "Famine, Affluence, and Morality." *Philoso-*

phy and Public Affairs I (1972): 229 – 244.

Stiglitz, J. E. , Amartya Sen, J. -P. Fitoussi, et al. *Report of the Commission on the Measurement of Economic Performance and Social Progress*. Online, 2010.

Sunstein, Cass R. *The Second Bill of Rights: F. D. R. 's Unfinished Revolution and Why We Need It More Than Ever*. New York: Basic, 2004.

Unger, Peter. *Living High and Letting Die: Our Illusion of Influence*. New York: Oxford University Press, 1996.

Williams, Bernard. "A Critique of Utilitarianism." In *Utilitarianism: For and Against*, ed. J. J. C. Smart and Bernard Williams, 77 – 150. Cambridge: Cambridge University Press, 1973.

致　谢

　　书中的理念来自多年来我关于能力理论的工作。因此，我要感谢每一位就此项工作给出评论和建议的人。但是，为大众读者写作一本小书，作为能力理论的导论，这一念头来自 2008 年 9 月在印度新德里的人类发展和能力协会的年会上。那次年会开幕前，我为协会的新成员举办了一场讲座，介绍能力理论的发展、它的变种，以及它所面临的挑战。很多人在讲座后对我说："你要知道，如果你能坐下来，把你刚才讲座的内容写成书，就可以促进我们的教学以及我们和普通读者之间的关系。"我从前就曾听到过诸如此类的要求，但这一次我承认我应当要有所回应。因此，我要感谢在那次会议上提出该问题的所有成员。像往常一样，我还要感谢 Bina Agarwal、Sabina Alkire、Kaushik Basu、David Crocker、Enrica

Chiappero-Martinetti、Flavio Comim、Reiko Gotoh、Mozaffar Qizibash、Henry Richardson、Ingrid Robeyns 以及协会"工蜂"团队内的其他成员和轮值执行委员会,感谢他们卓越的工作和成就。他们将我们正在进行的工作展现在世人和年轻学者的面前,没有热诚的奉献,这一点不可能做到。正是出于对他们工作的感谢,我才决定我应当奉献出这本他们所希望的著作,而且我希望我所拿出的是有价值的东西。我同样要感谢我在芝加哥大学法学院的同事们,感谢他们对我工作的参与。尤其要感谢 Daniel Abebe、Emily Buss、Rosalind Dixon、Mary Ann Franks、Tom Ginsburg、Adam Hosein、Jae Lee、Saul Levmore、Richard McAdams、Eric Posner、Lior Strahilevitz、Julie Suk 和 David Weisbach,他们为本书初稿提供了富有洞见的评论。Henry Richardson 应哈佛大学出版社之邀给出了许多精彩评论,David Crocker 也给出了同样高水准的评论,因此我要向他们两位——以及一位匿名审读者——表示特别的谢意。不用说,我对阿玛蒂亚·森的感谢是最根本的,但是既然这一谢意出现在这本书的由始至终,我在这里已无须多言。

索　引

图书在版编目（CIP）数据

　　寻求有尊严的生活：正义的能力理论/（美）玛莎
·C. 努斯鲍姆（Martha Craven Nussbaum）著；田雷译
. --北京：中国人民大学出版社，2024.1
　　书名原文：Creating Capabilities：The Human
Development Approach
　　ISBN 978-7-300-32342-8

　　Ⅰ.①寻… Ⅱ.①玛… ②田… Ⅲ.①哲学-通俗读
物 Ⅳ.①B-49

　　中国国家版本馆 CIP 数据核字（2023）第 222843 号

寻求有尊严的生活
──正义的能力理论
　［美］玛莎·C. 努斯鲍姆（Martha C. Nussbaum） 著
　田雷 译
　Xunqiu You Zunyan de Shenghuo

出版发行	中国人民大学出版社	
社　　址	北京中关村大街 31 号	**邮政编码** 100080
电　　话	010－62511242（总编室）	010－62511770（质管部）
	010－82501766（邮购部）	010－62514148（门市部）
	010－62515195（发行公司）	010－62515275（盗版举报）
网　　址	http://www.crup.com.cn	
经　　销	新华书店	
印　　刷	北京联兴盛业印刷股份有限公司	
开　　本	890 mm×1240 mm　1/32	**版　次** 2024 年 1 月第 1 版
印　　张	8.25 插页 4	**印　次** 2024 年 10 月第 2 次印刷
字　　数	170 000	**定　价** 78.00 元